COFFEE

COM TIM WENDELBOE

CAFÉ EDITORA

SÃO PAULO
2018

© Tim Wendelboe: Coffee with Tim Wendelboe
Fotografias: Stian Andersen e Tim Wendelboe
© Schibsted Forlag AS, Oslo 2010
Design: Anne Andresen Grafisk Design
Repro: Renessanse Media, Oslo
Impressão original: Korotan Ljubljana d.o.o., Slovenia
fonte Stempel Schneidler 10.5 pt e impresso em Arctic Volume 150 g
ISBN: 978-82-516-3625-4 (1ª edição)

DIREITOS DE EDIÇÃO PARA O BRASIL

© Tim Wendelboe: Coffee com Tim Wendelboe
ISBN: 978-85-60918-12-6 (edição brasileira)
Fotografias: Stian Andersen e Tim Wendelboe
© Café Editora e Coffee Lab - São Paulo, 2018
Coordenação Geral: Isabela Raposeiras
Tradução: Cristiana Couto
Direção Editorial: Caio Alonso Fontes e Mariana Proença
Direção Comercial: Marcos Racy Haddad
Designer: Giulianna Iannaco
Editora-assistente: Natália Camoleze
Revisão: Denise Rocha
Impressão da edição em português: Stilgraf

Dados Internacionais de Catalogação na Publicação (CIP)
(Câmara Brasileira do Livro, SP, Brasil)

Wendelboe, Tim
Coffee com Tim Wendelboe / (fotografias Stian Andersen e Tim Wendelboe ; tradução e edição Cristiana Couto). -- São Paulo : Café Editora, 2018.

Título original: Coffee with Tim Wendelboe
Vários colaboradores.
ISBN 978-85-60918-12-6

1. Baristas 2. Café - História 3. Café - Preparo 4. Culinária (Café) 5. Gastronomia 6. Receitas (Culinária) I. Andersen, Stian. II. Couto, Cristiana. III. Título

18-22855 CDD-641.6373

Índices para catalogação sistemático:
1. Café : Apreciação : Alimentos e bebidas 641.6373
2. Café : Preparo : Alimentos e bebidas 641.6373

Conteúdo

Prefácio

Ele me deu uma tarde inteira de aula particular em 2002. Fazia parte do pacote de treinamento que a BSCA acordara com Alf Kramer* para o primeiro campeão brasileiro. Foi assim que nos conhecemos, mas ele não se lembra dessa ocasião, talvez por estar tão focado em ensaiar para sua segunda participação na competição internacional. Lembro-me de passar em frente à cafeteria onde trabalhava, depois de fechada ao público, e vê-lo treinando por horas a fio nos dias que antecederam o evento.

Não era das pessoas mais acolhedoras e simpáticas, e já naquela época não fazia questão alguma de ser agradável. Presumo que esse ar presunçoso, de alguém cheio de si, possa tê-lo impedido de ganhar o mundial naquele ano – ficou em segundo lugar pela segunda vez. Lembro-me de que fiquei tão impressionada com o rigor técnico e com suas explicações inusitadas sobre os porquês por trás da extração de espresso e da vaporização de leite que torci por ele. Sua visão única sobre café me marcou e deu início ao respeito que sinto até hoje e que imagino, pelo que conheço desse moço, será eterno.

Tivemos um novo encontro em 2004, quando pedi a ele que me desse aulas particulares, às quais compareci a despeito de uma brutal febre e mal-estar por causa da sinusite que me pegara de jeito naquela viagem a Oslo. Realmente não me lembro direito como foi a transição entre os dois momentos: de apenas conhecidos a amigos. Talvez quando o importunei novamente em busca de aulas particulares, desta vez, de torra.

Era janeiro de 2009 e, com os últimos reais que restaram após uma quase falência, apareci em sua cafeteria e torrefação. Fiquei aprendendo com ele durante dias, o que só fez aumentar minha admiração por seus pontos de vista, sábios, além de me possibilitar conhecer melhor o ser humano especial e sensível por trás daquele profissional rigoroso e exigente. Acho que foi nessa ocasião que nossa amizade nasceu. Talvez por amarmos gastronomia e charutos, por dividirmos gosto musical parecido ou mesmo por pensarmos café de formas tão similares... não sei. Ou simplesmente porque amizades acontecem.

Nem preciso dizer que quase morri de nervoso quando visitou o Coffee Lab, recém-aberto, em 2010. Ele deu uma palestra sobre torra e ficou impressionado com os lotes de café que tínhamos selecionado naquela safra. No ano seguinte fomos conhecer o produtor daquele café, o pessoal da Fazenda Ambiental Fortaleza, que se tornou seu fornecedor por alguns anos. Visitamos as Montanhas do Espírito Santo, que tanto o surpreenderam. Ele foi um dos primeiros do mundo a divulgar o café brasileiro como digno de ser "single" e dividir as gôndolas dos mais exigentes torrefadores do mundo, ao lado de quenianos, panamenhos e colombianos da mais alta qualidade.

Sempre me fascina com as perguntas que faz e com a forma como prova café, e uma das coisas que mais me animam é poder calibrar "minha língua" com a dele. Jamais perco uma oportunidade de fazê-lo. Ao longo desses anos, seu carinho comigo e com o meu trabalho validou a construção do Coffee Lab e da minha carreira no café. Tê-lo por perto fez tanta diferença para minha autoestima profissional quanto o impacto que seu trabalho causa no jovem cenário de café especial mundial. Os profissionais de toda a cadeia cafeeira são os maiores beneficiados com o resultado de sua persistência e urgência em obter qualidade e sabores singulares. É um grande privilégio conviver com seu olhar simples e profundo sobre esse ofício, em cuja complexidade ele mergulha, literalmente, da semente à xícara.

Obrigada, Tim, "my favorite foodie".

Isabela Raposeiras

FOTO: Gui Gomes/Café Editora

* Norueguês criador de campeonatos mundiais de café como o de Barista, Brewers, Coffee in Good Spirits, Ibrik, Latte Art e Cup Tasters.

Introdução

Meu primeiro contato com o café não foi algo bom. Aquela bebida escura, amarga e azeda não atraiu particularmente meus sentidos, apesar do aroma doce e perfumado de café moído. Quando criança, eu sempre ouvia: "Você vai gostar de café quando crescer", mas, depois de incontáveis tentativas de tomá-lo para me manter acordado durante os exames escolares, decidi que café não era para mim. Ele simplesmente não era gostoso.

Passei em meus exames e estava a caminho da vida adulta. O primeiro passo então era sair de casa e arranjar trabalho. Não tomei café nos primeiros meses, mas, durante minha primeira entrevista de emprego, num café de Oslo, serviram-me uma bebida mal preparada. Por educação, forcei-me a prová-la e não me arrependi. Aquele café tinha uma doçura atraente e um aroma intenso que evocava lembranças de chocolate e especiarias. Era completamente diferente de qualquer café que eu tinha provado antes. Era simplesmente celestial.

Bebi toda a xícara e peguei o emprego de barista. Logo descobri que o lugar que havia me empregado era um dos estabelecimentos de chá e café mais antigos de Oslo, Stockfleth's, que, pouco antes, havia se transformado numa cafeteria. Estávamos em 1998, e as cafeterias começavam a se tornar parte da paisagem urbana da cidade.

Ter conquistado a posição de barista depois de um curso de três horas talvez não tenha sido a melhor coisa para um garoto arrogante de 19 anos. Eu já me sentia então o campeão mundial do café. Meus clientes estavam satisfeitos e fui relativamente bem em várias competições de barista. Mas, depois de ficar, pela segunda vez, em segundo lugar no Campeonato Mundial de Barista, em Oslo, em 2002, o mundo ao meu redor começou a ruir. Eu simplesmente não entendia por que não havia vencido.

Tinha a melhor técnica, o melhor equipamento e o melhor café do mundo – e ainda assim não fui campeão.

Mesmo tendo sofrido uma derrota esmagadora, o conhecimento que adquiri não tinha preço. Aprendi que, de fato, não era o campeão mundial, e que não conhecia tudo o que havia para saber sobre café. Entendi que deveria fazer uma abordagem mais humilde em relação ao grão. Assim, passei a explorar o café mais seriamente. Comecei viajando pelo mundo para estudar torra, cultivo, processamento, preparo e, é claro, degustação de grãos. Quanto mais aprendia, maior era minha compreensão sobre quão pouco eu sabia. Apesar disso, comecei a entender o que o café significava: sabor.

O fato de você estar sentado lendo este livro já indica que está interessado em saber mais sobre o grão. É um bom começo, mas também será possível perceber que tudo o que ler sobre ele ficará ultrapassado, cedo ou tarde.

Ainda que muito do que este livro transmita seja um conhecimento básico e provavelmente o mesmo há cem anos, estamos constantemente aprendendo coisas novas que eliminam velhos mitos e contradizem conhecimentos arraigados. O mais importante é ser humilde em relação a esse conhecimento que você considera importante e que deve ser utilizado para uma compreensão maior do café como bebida. Mesmo que tenha passado a vida inteira bebendo café, isso não significa que seja um expert no assunto. Há várias maneiras de prepará-lo, e, nesta obra, tentarei ajudar você a se tornar um barista melhor – ou, se preferir, um bom fazedor de café.

Alguns conselhos antes de começar: não se prenda ao que acha que o café deve ser. Em vez disso, tente descobrir o que o café pode ser. Mas, lembre-se: o sabor é o que importa, sempre.

Tim Wendelboe
Oslo, julho de 2009

O que você precisa para fazer um bom café?

É fácil complicar o preparo de uma boa xícara de café. O objetivo deste livro é ajudar os que bebem café a prepará-lo bem, para que seu sabor fique melhor. É simples fazer um bom café, mas você precisa ter em mãos o equipamento e os ingredientes essenciais para isso. Assim, a seguir, os itens fundamentais de que você precisará.

Bons ingredientes

Como em qualquer preparo, para um bom resultado, os ingredientes são tão importantes quanto os métodos. Por exemplo, você não pode fazer uma boa omelete com ovos podres, ou uma boa torta de maçã com frutas verdes. Com o café é a mesma coisa. Ele é um produto agrícola, assim como morango, batata, uva e maçã. Daremos uma olhada mais de perto nos fatores que afetam a qualidade do grão nos capítulos sobre **café verde** e **café torrado**. Lembre-se de que há uma diferença entre grãos bons e ruins. É por isso que o preço do café pode variar tanto, de R$ 7 a R$ 80 (250 g)[1]. Via de regra, há pouca diferença entre cafés de baixa qualidade, que custam de R$ 7 a R$ 10 (250 g), enquanto entre grãos especiais, cujos valores vão de R$ 20 a R$ 80 (250 g), a diferença de qualidade é enorme.

---

[1] Este e os valores seguintes foram atualizados em reais em 2018. (N.T.)

A água que utilizamos também é importante. Ela deve ter um pH neutro e estar livre de cloro e ferro, além de ter um conteúdo de cálcio e magnésio relativamente baixo. Se a água for muito dura, pode estragar chaleiras e cafeteiras, e o café pode ficar superextraído e amargo. Em boa parte da Noruega, somos agraciados com uma boa água de torneira, sem muitos minerais. Se a água da sua casa tem sabor de cloro ou de cano enferrujado, uma boa ideia é utilizar filtro de carvão para purificá-la. Se ela é inaceitável, é melhor comprar garrafões de água. Entretanto, a água engarrafada não é ideal, pois costuma conter níveis baixos de minerais, que darão menos equilíbrio e, ao mesmo tempo, mais acidez à sua bebida.

Um bom moedor de café

Um ex-funcionário e colega meu costumava comparar moedores de café a saca-rolhas. Se você se interessa por vinhos, não comprará garrafas já abertas. O vinho vai oxidar-se rapidamente e seu sabor ficará avinagrado. O mesmo acontece com o café. Assim que ele é torrado, os óleos, que contêm boa parte dos aromas da bebida, são pressionados de dentro para fora do grão, oxidam-se e se tornam rançosos.

Óleos rançosos adquirem sabor amargo e os aromas voláteis desaparecem no ar. Quando moemos café, os grãos são triturados em pequenas partículas, aumentando a área total de contato do grão com o ar. Os óleos, portanto, estão muito mais expostos ao oxigênio, o que reduz drasticamente a validade do café na gôndola. O café moído para filtro, por exemplo, vai se deteriorar tão rápido que sua experiência com o mesmo café será completamente diferente de um dia para outro. Café moído para espresso, mais fino, se deteriora ainda mais rápido e, depois de apenas cinco minutos, o café estará consideravelmente mais ácido ou azedo, menos aromático e mais amargo do que o café recém-moído.

Se você quer preparar um café de qualidade, um bom moedor é artigo de primeira necessidade. Infelizmente, não há muitos moedores bons e relativamente baratos para uso doméstico, mas mostramos a seguir os mais comuns.

O BOM E VELHO MOEDOR MANUAL

Esse é geralmente muito bom, mas pode ser um pouco lento quando se prepara café para várias pessoas. Talvez seja mais adequado para viagens ou numa casa de campo. Você pode ajustá-lo, e não é preciso eletricidade para usá-lo. De modo geral, o mecanismo para a moagem é de boa qualidade e é um equipamento aceitável em todos os métodos de preparo. Pode ser difícil, porém, moer o grão com a precisão necessária para uma máquina de espresso.

MOEDOR ELÉTRICO DOMÉSTICO

O preço desses equipamentos pode variar bastante, e nem todos são de boa qualidade. A coisa mais importante é ter certeza de que você pode ajustar o nível da moagem, e que a qualidade do mecanismo é aceitável. As lâminas de aço cônicas são geralmente melhores do que as planas, que costumam ser muito pequenas e de baixa qualidade. Alguns moedores têm lâminas de cerâmica, o que geralmente os torna mais caros e não significa dizer que produzam cafés melhores. De qualquer modo, é melhor ter um moedor do que moer seu café na cafeteria, pois os grãos, depois de moídos, duram menos tempo do que quando estão inteiros. É um equipamento fácil de usar e adequado para a maioria dos métodos, mas nem sempre é simples o ajuste para moagem fina, usada no preparo de espresso.

MOEDOR PARA ESPRESSO

Este se diferencia de outros moedores por ser muito mais caro e ajustar milimetricamente a moagem, garantindo um pó ideal para máquina de espresso. Isso é muito importante no preparo da bebida, pois uma máquina de espresso utiliza uma pressão de 9 bar. Se o café apresentar uma moagem grossa, essa pressão fará a água passar pelo café mais

rapidamente do que o faria com um café de moagem fina. Mesmo que façamos ajustes finos no moedor, o resultado na xícara será definido, predominantemente, pela alta pressão do preparo. No caso de uma cafeteira moka, por exemplo, a pressão do vapor é de apenas 1,5 bar. Costumo comparar uma máquina de espresso a um carro esportivo caro – que tem um belo design e é bonito de ver. Assim como investir na compra de motor, volante e caixa de câmbio para o carro esportivo, sem os quais você não irá a lugar algum, é igualmente importante investir num bom moedor para espresso.

Você pode utilizar um moedor para espresso em todos os métodos de preparo de café. A qualidade do mecanismo de moagem pode variar, e alguns são mais barulhentos do que outros. Os melhores moedores geralmente têm lâminas cônicas e ajuste micrométrico para os níveis de moagem. Como regra geral, o preço corresponde à qualidade.

PROCESSADOR

Infelizmente, muitas pessoas pensam que esse pequeno equipamento, de formato cilíndrico, pode ser usado como moedor de café. Não recomendo utilizá-lo nesse caso – em primeiro lugar, e mais importante, porque você não pode ajustar o nível de moagem. Essas máquinas trabalham como um processador de alimentos e, quanto mais tempo permanecerem funcionando, mais fina será a trituração. O resultado desse processo é desigual, com partículas de café grandes e pequenas, e, na xícara, uma bebida desequilibrada e amarga. Você pode usar esse equipamento para processar alimentos, mas ele não é adequado para moer café, para nenhum método. É melhor comprar o café já moído até que você possa adquirir um moedor apropriado.

Equipamento

Além de bons métodos de preparo e de um bom moedor, há vários recursos que tornarão mais fácil preparar uma xícara de café como se deve.

Obter uma boa bebida tem pouco a ver com arte e paixão. Está mais relacionado a precisão, habilidade sensorial e método. Abaixo, o equipamento essencial para facilitar seu trabalho.

CRONÔMETRO

Um cronômetro é importante para controlar o tempo de extração em todos os métodos de preparo. Você também pode utilizá-lo para encontrar a moagem correta. Por exemplo, se você sabe que uma cafeteira precisa de seis minutos para filtrar o café, deve, via de regra, utilizar uma moagem levemente mais grossa para evitar uma bebida superextraída e amarga. Seu cronômetro deve ter as funções de contagem tanto progressiva quanto regressiva.

BALANÇA

Uma balança digital é um investimento de baixo custo. Pode ser utilizada na cozinha, para além do preparo de café. Ela pode ser útil para pesar tanto o grão quanto a água, se a escolha for preparar o café numa french press, por exemplo. Uma balança é bem mais confiável do que uma colher de medidas, pois cafés diferentes têm densidades diferentes.

COPO DE MEDIDAS

Embora um copo medidor facilite o cálculo do volume de água, você pode utilizar a balança para isso. Um quilo de água fria equivale a 1 litro. Já 1 litro de água fervente pesa aproximadamente 960 gramas.

CHALEIRA

Uma boa chaleira é importante para o preparo de café em french press, Aeropress e similares.

Se você tem todo esse equipamento, já tem tudo o que precisa para fazer muitos testes e ter boas experiências com café.

Max:100g d:0.05g
g
oz
dwt
ozt
ON/TARE

Medidas corretas

Métodos diferentes de preparo de café requerem proporções de café e água variadas. Use o equipamento descrito na página anterior para chegar às medidas corretas. Não tenha preguiça de calcular as proporções e não faça isso a olho – o que só é aceitável se não houver outro jeito. *(Vamos olhar mais de perto os bons métodos no capítulo Métodos de preparo).*

Limpeza

Seu equipamento e seu moedor devem ser de boa qualidade. Os óleos dos cafés velhos deixam um gosto ruim e levam amargor à bebida. Então, certifique-se de que limpou, com a frequência necessária, usando uma escova e um pano de microfibra seco, cada parte do moedor que entra em contato com o grão. Esse equipamento deve ser limpo a cada utilização.

Terminologia do café

Um bom vocabulário sobre o grão não melhora o sabor de um café, mas torna mais fácil comunicar-se com outros entusiastas. Neste livro, você com certeza encontrará novas palavras e conceitos. Alguns termos serão utilizados com mais frequência do que outros. Aqui estão os mais importantes:

- A palavra **extrato** vem do latim e significa o resultado do que foi pressionado ou extraído. Em química, a extração descreve um processo em que se obtém uma substância valiosa (nesse caso, o sabor) de uma matéria-prima, que, aqui, são grãos de café. A forma mais comum no preparo – termo frequentemente utilizado em lugar de extração – da nossa bebida é por meio do uso de água quente para extrair os sabores do café.

• **Superextraído** significa que o tempo de contato do café com a água foi muito longo ou que você usou muito pouco pó em relação à quantidade de água. Isso também pode acontecer quando a moagem é muito fina, no caso de espresso ou filtrado, ou a extração é muito prolongada num método coado. O resultado é a extração de muitos componentes químicos indesejáveis do café, como a cafeína, que o torna amargo e desequilibrado.

• No caso do **subextraído**, o tempo de contato da água com o café foi muito curto. Se a água não tem tempo para extrair todos os sabores do café, o resultado pode ser uma bebida fraca, amarga e desequilibrada. Pode-se obter uma subextração, também, com uma moagem muito grossa ou com água muito fria. Se você utiliza uma proporção de café muito alta em relação à de água, o resultado será uma bebida muito subextraída, com poucos atributos e gosto amargo.

• O **tempo de extração** é o período em que a água permanece em contato com o pó. É uma variável crítica para uma boa bebida. Outros termos para descrevê-lo são tempo de infusão ou tempo de contato.

• **Dosagem** é a relação entre a quantidade de café e a de água. Cada grama e cada mililitro contam para que se alcance o equilíbrio correto de sabor na xícara.

• Ainda que este livro não seja apenas sobre **espresso**, é importante explicar o que o termo quer dizer. A palavra espresso descreve, em primeiro lugar, um método de preparo. Ela deriva do francês *exprès pour vous*, que significa "especialmente para você". A palavra italiana *espresso* tem também o mesmo significado, mas quer dizer, ainda, "expresso".

Em francês, pedimos um *café exprès* ou *expresso*. Na Itália e no restante do mundo (com algumas exceções), podemos chamar a bebida de *espresso* ou *caffè espresso*. Não está totalmente errado dizer espresso, mas um barista pretensioso vai lançar um olhar estranho se

você assim o fizer. Uma definição básica de espresso é "uma xícara de café de aproximadamente 30 mililitros, extraída utilizando-se nove vezes a pressão atmosférica (9 bars) e feita a pedido do cliente". Daí o nome *exprès pour vous* ou espresso. O café não é espresso se não for servido como acabamos de descrever. Assim, está errado chamar um pacote de café de grãos de espresso, mas fazemos isso para descrever grãos que foram torrados para ser utilizados em uma extração de espresso. Esses grãos têm, frequentemente, um perfil de torra específico, que é diferente daquele dos cafés filtrados. Para simplificar, aqui chamamos a bebida tirada em uma máquina de espresso de espresso. E os grãos usados para fazer um espresso serão denominados cafés torrados para espresso ou cafés de torra escura.

Café verde

Há um bom número de livros repletos de informações sobre a história do café, sobre cabras, monges, lendas e mitos. Essas doces histórias, muitas delas interessantes, têm em comum o fato de não melhorarem o sabor do seu café. É por isso que sempre me interessei mais pelos aspectos práticos do grão. O que é, realmente, café? Por que cafés de diferentes plantações têm sabores diferentes? Por que ele é considerado um produto fresco?

Mesmo que o café seja visto como uma das bebidas mais populares do mundo, há poucos bebedores que sabem como ele é produzido. Em 2017, quase 9,5 milhões de toneladas de café foram produzidas no mundo, resultado de um árduo trabalho de 17 milhões de trabalhadores rurais e mais de 125 milhões de pessoas no mundo que lidam com ele em algum nível. Quem sabe não esteja na hora de aprendermos um pouco mais sobre o café como um produto?

Assim, o que ele é? O café originou-se na Etiópia, onde ainda existem árvores silvestres, e alguns cafeeiros crescem nos trópicos. Há incontáveis variedades de plantas de café. Algumas dessas são altas e estreitas, outras, mais compactas e cheias. O que há em comum entre elas é que carregam frutos, comumente chamados cerejas, em cujo interior encontramos geralmente dois grãos, as sementes da planta. Essas cerejas, ao serem colhidas, podem tanto ter seus grãos semeados, a fim de que produzam novas plantas de café, quanto secos, torrados e moídos, para então se adicionar água e preparar a xícara do que chamamos café. Há muitas variáveis que afetam o sabor dessa bebida. Podemos influenciar algumas delas no que diz respeito a esse sabor, mas a maioria, responsável pelo sabor natural do grão, é determinada no país em que ele é cultivado. Seguem algumas descrições das variáveis mais importantes, para que você entenda com mais facilidade por que o café tem determinado sabor.

Variedades

A maioria dos livros diferencia duas espécies na família do café: a arábica, que contempla cerca de 70% da produção mundial, e a robusta, que representa os outros 30%. De modo geral, a arábica é considerada a espécie com o melhor sabor, a maior acidez e notas de flores e frutas. Já a robusta geralmente custa menos do que a arábica e seu sabor tem um perfil mais simples, de pipoca queimada, madeira, terra e couro, e é, também, extremamente amarga. Apesar desse gosto amargo e rústico, como de pipoca queimada, para mim, um bom robusta ainda é melhor do que um arábica mal cultivado e mal processado. Mesmo assim, a espécie é apenas uma das diversas variáveis que determinam a qualidade do café. Infelizmente, quase não há bons produtores de robusta, o que nos leva ao próximo tópico.

É preciso atentar para as variedades e varietais do café, pois esse é um assunto que tem sido bastante ignorado nas discussões sobre análise sensorial – pelo menos, até alguns anos atrás, quando diferentes varietais de café de uma única origem se tornaram disponíveis no mercado.[2]

[2] Nos anos seguintes à publicação deste livro, houve muita atenção às cultivares híbridas, tanto em relação a suas qualidades sensoriais quanto à resistência às pragas. Para saber mais sobre o assunto, recomendo o site do World Coffee Research (https://worldcoffeeresearch.org/)

O gênero *Coffea* tem mais de cem espécies de plantas, entre elas *Coffea arabica*, *Coffea canephora*, *Coffea excelsa* e *Coffea liberica*. Como já mencionado, a arábica é a espécie mais difundida, pois é relativamente fácil de cultivar, tem bom rendimento e seus grãos, um bom sabor. Entretanto, há inúmeras variedades de arábica, e nem todas produzem bons cafés.

A variedade Typica é considerada uma das primeiras arábicas descobertas, mas, atualmente, não é tão propagada como no passado. Isso acontece porque ela não é tão resistente a influências nocivas quanto as outras, como ataque de fungos ou climas quentes. Na Índia, foram desenvolvidas variedades que conseguem suportar melhor climas quentes e úmidos. Isso mudou definitivamente o sabor do café, mas nem sempre para melhor. Essa mudança, porém, conferiu aos grãos da Índia um sabor único, que lembra mais especiarias e chocolate do que frutas.

Embora muitas variedades novas sejam fruto do trabalho humano, cujo foco nem sempre é sabor, mas a procura por alta resistência e produtividade, às vezes a própria natureza gera uma variedade. Nas Ilhas Reunião, antigamente denominadas Bourbon, foi encontrado um mutante natural da Typica, denominado, na época, Bourbon. Esse mutante existe em três versões: uma que produz cerejas de cor amarela, outra que dá cerejas laranja e uma terceira cujas cerejas são vermelhas. E, de modo semelhante às macieiras, que produzem maçãs vermelhas, amarelas e verdes, de diferentes variedades, os cafés de varietais diversos e com cerejas de cores diferentes têm sabores diferentes.

Um pesquisador colombiano examina novas varietais para checar se elas são resistentes a ataques de fungos

Outras variedades, populares por produzirem bons resultados na xícara, são Caturra, Pacamara, Catuaí e, não menos importante, a Geisha. Todas elas produzem cafés de sabor diferente, mas uma não é necessariamente melhor do que a outra. Elas prosperam em solos e climas diversos, o que significa que pode ser difícil eleger o rei ou a rainha dos arábicas, com a provável exceção da variedade Geisha, produzida na propriedade Hacienda La Esmeralda, no Panamá, que bateu recordes e recordes em vários leilões de café on-line, tendo como o maior lance o valor de US$ 130 a libra (453 g). Em condições adequadas de cultivo e bem processada, esta variedade produz uma xícara com aromas explosivos de jasmim, cítricos, bergamota e baunilha. A bebida é límpida, vivaz e extremamente equilibrada – semelhante aos melhores cafés etíopes. Mas, vale pagar US$ 130 por cerca de meio quilo de café? Será ele, realmente, cem vezes melhor do que um grão vendido a US$ 1,30 a libra? Deixemos essa discussão para os que bebem esse café. Para mim, esse é um luxo barato quando se considera o preço atual de uma xícara de café. Pode acontecer de você comprar a melhor xícara de café do mundo pelo mesmo preço de duas garrafas de água numa loja de conveniência.

Solo

Terroir é um termo bastante comum no mundo do vinho. Palavra de origem francesa, ela é frequentemente utilizada quando se discute solo, especialmente na indústria do vinho, em que ter vinhedos com o melhor solo e as melhores condições de cultivo é crucial para produzir a melhor garrafa.

Da mesma maneira que se compete pelos melhores vinhedos, disputa-se pelos melhores terrenos para a produção de café. Os cafeeiros crescem melhor em solos de argila ricos em minerais. Ele deve ser poroso o suficiente para drenar o excesso de água depois de uma chuva pesada, mas sólido o bastante para reter umidade nos períodos secos. Solos férteis fornecem mais nutrientes para os pés de café e produzem cerejas e grãos melhores. Muitos cafés são cultivados em encostas de antigos vulcões, onde o solo é extremamente rico em minerais e enxofre. Esse último, geralmente, confere ao grão um sabor frutado.

Mesmo que o solo nos trópicos seja fértil a ponto de se poder cultivar praticamente qualquer coisa nele, seus nutrientes não duram para sempre. Um dos problemas da agricultura moderna é que extraímos mais da terra do que a natureza pode repor. Assim, é importante fertilizar o solo onde estão os pés de café, para que eles possam consumir os nutrientes de que precisam. Para o produtor, porém, os fertilizantes artificiais são relativamente caros. Assim, ele pode utilizar a polpa dos cerejas, juntamente com outros compostos da plantação, para fazer a fertilização. Isso significa que boa parte da produção mundial de café é orgânica, mesmo que nem todo grão seja certificado como tal.

O café orgânico é melhor do que o convencional?

Cada vez mais gente busca produtos de cultivo orgânico. As razões para consumir esses produtos variam de pessoa para pessoa. Muitas o fazem porque querem ajudar a preservar o meio ambiente ou porque querem viver com mais saúde. Como o café é torrado antes de ser consumido, poucos produtos químicos usados no cultivo terminam na xícara. Pessoalmente, interesso-me mais pela agricultura sustentável, tanto pela saúde da terra quanto pela das pessoas que trabalham nela.

Um cafeicultor do Quênia, por exemplo, não consegue sobreviver cultivando cafés orgânicos por causa da existência de fungos, que matam os frutos e os pés de café em todo o país. Ele precisa controlar esses ataques espalhando cobre e outras substâncias químicas em sua plantação. Isso aumenta os custos de produção, mas eleva também a produtividade da planta, tornando rentável a produção do café. Uma solução para o problema dos fungos pode ser substituir todas as plantas no Quênia por novas árvores de café, resistentes a fungos. A questão é que o Quênia é reconhecido por produzir cafés com uma acidez viva e aromas intensos, que lembram groselha e maracujá. Isso é resultado da escolha correta da variedade e do solo. É por essa razão que os cafés do país são vendidos a preços mais altos do que, por exemplo, os grãos da Tanzânia, seu país vizinho. Se os quenianos plantarem uma nova variedade, o sabor do café, definitivamente, mudará.

Os bons cafés do Quênia sempre estiveram, e ainda estão, entre os meus favoritos. O ponto aqui é se o sabor é mais importante do que o ambiente, ou se, a fim de se respeitar o meio ambiente, é possível alterar as técnicas de produção, do mesmo modo que se faz na Etiópia, país de origem do grão, onde também são produzidos cafés fantásticos. Os bons cafés etíopes têm uma acidez vivaz, aromas florais e cítricos intensos, que lembram bergamota ou chá Earl Grey. A diferença entre os dois países é que a Etiópia não tem problemas com doenças, provavelmente porque as variedades locais cultivadas desenvolveram resistência a elas ao longo do tempo. É por isso que praticamente todo café etíope é orgânico, mas muito pouco dele é vendido com certificação, já que os custos para certificar esses grãos são enormes. Os gastos gerados com a certificação não necessariamente aumentam os lucros do produtor, pois a maioria dos consumidores não está disposta a pagar mais pelo café pelo fato de ele ser certificado como orgânico.

A maioria de nós quer um café que tenha o melhor sabor possível, e sua certificação como orgânico diz muito pouco sobre seu sabor. Os grãos orgânicos nem sempre têm sabor melhor. Sabemos que existem muitas outras variáveis que influenciam no sabor do café na xícara. Assim, qual deve ser o fator mais importante? Sabor, princípios ou certificação? Em minha opinião, a agricultura sustentável vem antes de tudo e, felizmente, por meio de uma produção sustentável, é relativamente fácil cultivar bons cafés.

Clima e altitude

Para cultivar um café de qualidade, é essencial ter condições climáticas apropriadas. Como a planta surgiu na Etiópia, ela adaptou-se ao clima tropical ao longo de milhares de anos.

Isso torna o ciclo de vida do grão algo relativamente fácil de entender. Na época das chuvas tropicais, chove às vezes tão forte que a planta imagina que vai se afogar. Para sobreviver como espécie, ela produz, então, as flores em lugar de novas folhas. As flores, uma vez polinizadas, farão a planta dar frutos, que, por sua vez, originarão as sementes ou grãos. A planta depende, ainda, de certa quantidade de sol e de água para o desenvolvimento saudável dos frutos.

A temperatura correta também é importante para o crescimento de um bom café. Isso porque os frutos e os grãos de um café serão mais saborosos se forem capazes de se desenvolver por um período longo. Assim, quanto maior for o tempo de maturação de um café, mais estrutura e sabor na xícara ele terá. Se o clima tornar-se muito quente e a planta tomar muito sol, suas cerejas amadurecerão rapidamente. Elas desenvolverão, então, uma doçura suave, baixa acidez, e pouca estrutura e fragrância. Por outro

lado, se esfriar muito, os frutos do café vão interromper seu desenvolvimento.

O fato de o clima norueguês ser fresco e permitir uma maturação lenta dos frutos é o que faz, por exemplo, com que as maçãs e os morangos da Noruega sejam os melhores do mundo. Por outro lado, os morangos da Bélgica, cultivados em estufas, embora sejam grandes e bonitos, têm pouco sabor.

Quanto aos cafés da espécie robusta, eles se desenvolvem em climas significativamente mais quentes que os pés de arábica. É por isso que robustas crescem em altitudes entre 100 e 1.000 metros acima do mar. Os pés de arábica saem-se melhor em altitudes entre 1.000 e 2.500 metros acima do nível do mar, onde a temperatura média gira em torno de 21 graus, embora haja grandes diferenças entre as temperaturas

do dia e as da noite. Isso contribui para um café mais encorpado, com mais acidez e aroma, ou seja, um café mais equilibrado e interessante. É por essa razão que muitas pessoas consideram melhores os grãos cultivados em altas altitudes, embora as coisas nem sempre aconteçam dessa maneira. O fator mais importante é o clima. Embora o clima a 2.000 metros acima do nível do mar seja realmente mais fresco do que a 1.000 metros, a localização geográfica é decisiva. Na Austrália, por exemplo, cultivam-se cafés fantásticos a 300 metros de altitude. Isso porque as plantações ficam tão ao sul do país que, se estivessem a 1.000 metros acima do nível do mar, o pé de café morreria por congelamento, e nada produziria. Na Colômbia, os melhores grãos vêm, frequentemente, de altitudes acima de 1.600 metros, pois o país está mais perto do Equador e, consequentemente, tem o clima mais quente.

Uma maneira de controlar a temperatura quando se planta café em clima quente é cultivá-lo sob a sombra das árvores. Muitas espécies de árvores são utilizadas para isso, mas os produtores inteligentes plantam as que fornecem bastante sombra e que, ao mesmo tempo, não competem com as raízes dos pés de café. Como o café precisa de muito nitrogênio para produzir as cerejas, alguns produtores plantam árvores que fixam nitrogênio no solo. Semear árvores que dão sombra ao cafeeiro, entretanto, não necessariamente torna o café melhor.

Da flor ao fruto maduro, a cereja leva aproximadamente nove meses

Há ainda outros problemas relativos ao desenvolvimento do café em climas quentes, como a broca-do-café, que come os frutos na própria árvore. Ataques desse tipo originam grãos defeituosos e afetam seu sabor. Outro grande problema que pode arruinar um café são os ataques de fungos nas folhas (ferrugem) e nos frutos (doença conhecida como coffee berry disease)[3]. Os esporos dos fungos espalham-se rapidamente em climas úmidos – especialmente quando há muita chuva.

Broca e fungos são ocorrências menos frequentes em climas frescos; assim, como regra geral, cafés de altas altitudes são melhores que os de baixa altitude.

Infelizmente, o aquecimento global tem trazido cada vez mais problemas às regiões cafeeiras tradicionais, o que causa um impacto considerável na qualidade desses grãos. Ao mesmo tempo, isso permitiu que novos países produtores provassem ser capazes de fornecer cafés de qualidade. Vai ser emocionante observar de onde virá o melhor café daqui a cinquenta anos.

---

[3] Doença causada pelo fungo *Colletotrichum kahawae*, também é chamada de antracnose. (N. T.)

Bananeiras proporcionam boa sombra às árvores de café e permitem que as cerejas amadureçam lentamente

Colheita

Colher café não é tarefa fácil. Um bom trabalhador pode colher em torno de 100 quilos de café por dia, o equivalente a cerca de 20 quilos de café cru e 17 quilos de café torrado. Um colhedor colombiano faz, em média, entre US$ 10 e US$ 12 para cada 100 quilos do fruto. Em contrapartida, um professor do mesmo país ganha, por hora, quase o equivalente ao dia inteiro desse trabalhador. Todos nós sabemos que os professores são mal pagos. Apesar disso, muita gente reclama dizendo que um café cujo pacote de 250 gramas custa R$ 60 é muito caro. Pergunte a qualquer produtor do grão ou a quem o colhe se café é caro, e você ouvirá outra história.

Mas o que colhedores de café mal pagos têm a ver com cafés de qualidade? Pode-se comparar a colheita de café à de maçãs e morangos, em que o importante é colher apenas frutos maduros, para obter um sabor melhor. Qualquer um que tenha comido maçãs ou morangos verdes entenderá. É fácil perceber se os frutos maduros do café são de um vermelho profundo ou amarelos-claros. Assim, não parece tão difícil colher apenas os maduros. Podem-se, também, utilizar colheitadeiras ou colhedores mecânicos, que, ao chacoalharem o pé de café com intensidades diferentes, derrubam os frutos maduros e mantêm os verdes no pé. De certa maneira é uma boa técnica, que reduz drasticamente os custos da colheita manual. A colheita mecânica ainda não é amplamente utilizada porque muitas vezes o café é plantado nas encostas das montanhas ou nas proximidades de um vulcão, em que o terreno é inacessível ao maquinário. Nesses casos, o café é colhido manualmente.

Como os frutos cerejas são resultado de várias chuvas fortes durante a estação chuvosa, um pé de café sempre terá frutos em diferentes estágios de maturação. Assim, um colhedor deve passar pela mesma árvore várias vezes durante a época da colheita, para poder pegar os frutos maduros. Naturalmente, isso custa ao produtor e, num mercado em que o café é vendido por quase nada, os colhedores são geralmente descuidados e colhem frutos verdes, maduros e secos ao mesmo tempo. Infelizmente, há muitos importadores de café que precisam manter seus custos baixos e acabam comprando café de qualidade variada. É por isso que os consumidores esperam que o café seja barato. É também difícil para os consumidores perceberem se um café torrado e

Diferentes estágios de maturação na mesma árvore

moído vem de frutos maduros ou não. Se eles conseguissem saber, muito do café comercializado nunca seria vendido, já que pareceria tão apetitoso quanto um cesto cheio de morangos verdes, maduros e passados.

Assim, o que é preciso para colher o melhor café? Abaixo estão descritos dois procedimentos utilizados por cafeicultores de qualidade para garantir um bom produto.

- Pagar os colhedores e exigir que eles peguem apenas os frutos maduros. Os consumidores, depois, pagarão mais pelo café, que custa mais para ser produzido. Nossa recompensa é que ele será mais saboroso, pois somente os cerejas maduros foram colhidos.
- Investir em tecnologia que separe os frutos maduros dos frutos verdes ou passas ou contratar pessoas para executar esse trabalho. Isso é relativamente comum e mais barato do que a alternativa anterior.

Café verde secando

Processamento

Depois da colheita, os grãos devem ser separados da casca e/ou polpa e secos para a comercialização. A maneira como o café é processado terá impacto significativo no sabor do grão na xícara. É difícil fazer um café melhor do que ele realmente é, e é fácil arruinar o café durante o processamento. Boas técnicas de processamento, porém, geralmente conferem ao café mais intensidade em termos de doçura, acidez e aroma. Há várias maneiras de processar café, assim como são vários os cafezais, mas a maioria das técnicas é uma variação dos três métodos a seguir.

Boa qualidade requer secagem uniforme e classificação precisa

• MÉTODO NATURAL

Cafés processados pelo método natural, em que o fruto inteiro do café é seco, são também chamados de via seca ou não lavados.

Há diferentes maneiras de secar cafés pelo método natural. No Brasil, é comum deixar as cerejas no pé até que elas encolham como uvas-passas. Pode-se fazer isso no país porque a época da colheita é, com frequência, muito seca, e os cafezais geralmente não crescem sob sombra, o que os deixa completamente expostos ao sol. Como regra, os frutos cerejas são colhidos quando mais de 80% deles estão secos até o estágio conhecido como passa. É comum tirar os frutos do pé – maduros, secos e imaturos – de uma só vez (derriça) e, depois, espalhá-los em pátios de concreto para secagem. Quando a umidade dos grãos estiver abaixo dos 12% e a polpa estiver completamente seca, ela será removida dos grãos, e estes serão limpos, classificados e comercializados no mercado interno ou exportados.

Produtoras de café no Quênia recolhem seu pior café pronto para a entrega

Cafés processados por esse método são considerados por muitos como de baixa qualidade. Isso na verdade não é nenhuma surpresa, pois é comum os produtores secarem seus piores cafés dessa maneira. É um método que requer menos água, menos equipamento e menos recurso. Frutos de café inteiros são mais difíceis de secar. Eles comumente correm o risco de ser atacados por fungos ou bactérias e podem começar a fermentar, o que faz com que o café tenha sabor de fruta estragada. Mesmo que esse método seja geralmente feito sem cuidado, os bons cafés naturais do Brasil são ricos em corpo e doçura, e geralmente têm um aroma intenso de chocolate, avelãs ou amêndoas.

Outro país importante no setor e que utiliza largamente esse método de processamento é a Etiópia. O café é bem comum nas altas altitudes, em áreas mais secas, onde falta água. Na Etiópia, é mais frequente colher os frutos quando eles estão totalmente maduros e deixá-los secar em terreiro suspenso, feito de bambu e tela de arame. Se a secagem for feita do modo correto, o produto obtido é de um sabor frutado tão intenso que muita gente vai achar que não é café quando prová-lo. Infelizmente, ele muitas

Na Etiópia, o café é seco sobre terreiros suspensos, feitos de bambu e tela de arame. O café é revirado manualmente para garantir uma secagem homogênea

vezes tem sabor de fruta estragada ou outros sabores defeituosos, e é realmente difícil conseguir um bom café etíope processado naturalmente.

O processamento natural é o método mais antigo, talvez pelo fato de não precisar de água nem de outro recurso além do sol. A característica comum do café processado dessa maneira é o fato de ele ser mais doce, pois muito do açúcar da polpa é absorvido pelo grão. Além disso, o café é geralmente mais encorpado, com aromas intensos de mirtilo maduro, morango, chocolate e castanhas.

• MÉTODO LAVADO

Em climas úmidos, é um desafio secar o café depois da colheita. Se ele não for seco adequadamente, poderá fermentar ou apodrecer. Isso faz com que ele tenha sabores de fruta podre, terra e cloro. É por isso que se desenvolveu esse tipo de processamento, também conhecido como washed coffee. Há muitas variações dessa técnica, mas o que é comum a todas é a remoção da casca e/ou polpa das cerejas depois de colhidas, que geralmente são transformadas em fertilizante para os pés de café.

Um produtor colombiano remove a casca dos frutos com uma pequena máquina manual de despolpamento

---

No Brasil, vários produtores se referem ao método descascado como despolpado, pelo fato de que a máquina de descascar cafés se chama despolpador. (N.E.)

A casca dos cafés cereja pode ser seca e usada em uma espécie de infusão herbácea, cujo sabor lembra rosa. Essa bebida é denominada cáscara e é difícil de ser encontrada

Após a retirada da casca, os grãos ainda estão recobertos pela mucilagem (ou polpa), que, por sua vez, está aderida a uma membrana muito fina denominada pergaminho. Se a mucilagem não for removida, pode rapidamente atrair micro-organismos ou causar fermentação não controlada. A camada de mucilagem costuma ser difícil de ser removida mecanicamente, o que faz com que o café geralmente seja deixado em tanques cheios de água, em quantidades variadas. As enzimas na água removem a mucilagem, e as leveduras quebram seus açúcares. Esse processo é chamado de fermentação e pode durar de doze a 76 horas, dependendo de vários fatores, inclusive a qualidade e a temperatura da água.

Se o café permanecer nessa condição por tempo demais, ele vai se tornar superfermentado, e seu sabor ficará desagradável, como vinagre e fruta podre. Para evitar isso, o produtor deve prestar muita atenção e checar regularmente se a mucilagem foi removida e se o café já está pronto para secar. Antes da secagem, o café é lavado em água fresca e limpa – daí a expressão "café lavado" –, o que removerá grãos defeituosos, que, por ser mais leves, boiam. Frutos maduros são, de fato, mais pesados, e permanecem abaixo da superfície. Quando a mucilagem for completamente removida, os grãos são deixados em terreiros de concreto ou tijolo para secar.

A vantagem do processamento lavado é que a secagem dos grãos é mais fácil do que a do fruto inteiro. Isso ajuda a proteger o café do mofo e da podridão. Além disso, é mais fácil separar frutos imaturos e subdesenvolvidos por meio da água e da gravidade.

Cafés lavados geralmente têm um sabor mais limpo e homogêneo em qualidade do que os produzidos por outros métodos. Eles frequentemente têm uma acidez mais elegante e um frutado mais fresco do que cafés processados pelo método natural. Isso porque os grãos passam por pequenas alterações químicas durante o processo lavado. A maioria dos melhores cafés é processada a partir desse método.

Na página seguinte:
os cafés são lavados após a fermentação (*no alto, à esq.*); os frutos cerejas são selecionados mecanicamente pela água e pela ação da gravidade antes que a casca e/ou polpa sejam removidas e os grãos, fermentados (*no alto, à dir.*); o café lavado já seco (*abaixo, à dir.*)

A desvantagem do método lavado é que ele requer equipamentos caros – sem mencionar as grandes quantidades de água. Infelizmente, a água é um recurso caro em vários países produtores, e o processamento do café geralmente polui a preciosa água que se bebe. Felizmente, há cada vez mais produtores que reciclam a água que utilizam e a filtram antes de mandá-la de volta para a natureza.

• MÉTODO CEREJA DESCASCADO

A falta de água, ao lado da busca por técnicas cujo intuito é aprimorar a qualidade dos cafés, originou novos métodos de processamento. Um deles, cada vez mais comum no Brasil e em outros países produtores, é conhecido como cereja descascado, também chamado de honey processed ou semilavado. Esse método reproduz o melhor dos dois processos anteriormente descritos.

Cafés CD são produzidos utilizando-se diferentes técnicas, mas não vou descrever todas aqui. A essência da maioria delas, porém, consiste em remover a casca dos

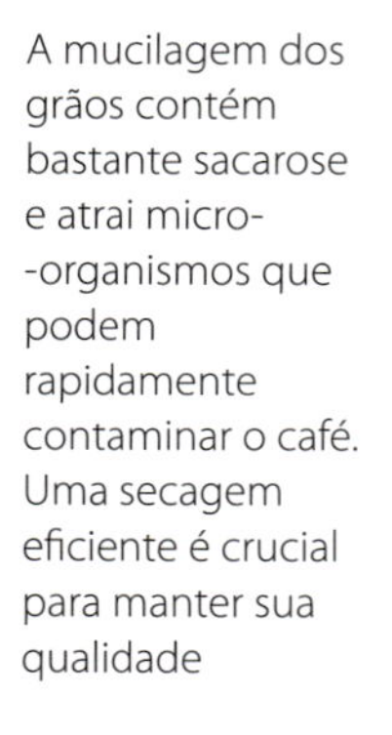

A mucilagem dos grãos contém bastante sacarose e atrai micro-organismos que podem rapidamente contaminar o café. Uma secagem eficiente é crucial para manter sua qualidade

frutos, mas deixá-los secar com um pouco da mucilagem. Isso na maior parte das vezes produz cafés que têm a estrutura elegante e a qualidade homogênea dos cafés lavados, ao mesmo tempo em que mantêm um pouco da doçura e da intensidade dos cafés naturais. Mas, de novo, os resultados variam dependendo da técnica.

Secagem

O café precisa secar antes de ser comercializado. A umidade nos grãos é reduzida entre 10% e 12%, tornando possível exportá-los e guardá-los sem que se tornem defeituosos por causa de mofo, por exemplo. A tarefa de secar os grãos não parece muito complicada, mas há várias coisas que podem dar errado durante esse processo, o que também arruinará o sabor do café.

O segredo para uma boa secagem é que ela seja homogênea e que não haja contaminação. Por contaminação quero dizer, por exemplo, colocar os grãos diretamente no solo, quando então seu café terá, definitivamente, sabor de terra. Se o produtor deixar seu cachorro molhado deitar-se ou dormir sobre o café enquanto ele estiver secando,

ele terá um sabor que lembra cachorro molhado. Assim, é importante secá-lo numa superfície em que nada afete o sabor da bebida. O mais comum é usar um terreno de concreto, liso e limpo. Está cada vez mais popular o uso de mesas de secagem, também denominadas terreiros suspensos, que mantêm o café longe do solo ao secá-lo sobre uma tela de arame ou de sombrite. Isso possibilita uma boa circulação de ar sob os frutos e uma secagem correta e homogênea em regiões de clima úmido. Em ambos os casos, o sol e o vento é que secam o café e, portanto, esse processo é também chamado de secagem ao sol.

Uma terceira alternativa, que é frequentemente combinada com a secagem ao sol, é o uso de secadores mecânicos. Mas, por alguma razão, o café seco mecanicamente não é tão bom quanto o café seco sob o sol. Isso talvez ocorra porque os secadores mecânicos são mais eficazes e secam o café mais rápido. Os cafés secos ao sol têm um tempo

de exposição mais longo, e o resultado final é geralmente mais estável.

De qualquer modo, é também um desafio secar cafés ao sol de maneira homogênea. Se a camada dos frutos é muito fina ou se começa a chover repentinamente, o café pode rapidamente começar a fermentar ou, mesmo, ser atacado por micro-organismos e mofo. Por isso é importante espalhar os grãos em camadas finas e revolvê-los para garantir uma secagem uniforme. Também é importante não deixá-los esquentar demais nem pisar neles enquanto secam. Isso pode fazer com que o pergaminho se rompa, o que geralmente resulta em cafés defeituosos.

Um armazém repleto de café, após a colheita no Quênia. Para estabilizar o nível de umidade, ele é geralmente armazenado antes da exportação

Armazenamento

Depois da secagem, o café é armazenado em sacas ou silos antes de ser comercializado, para estabilizar o nível de umidade nos grãos. No Brasil, em Java e em Bali, o café, muitas vezes, é guardado por mais de um ano antes de ser vendido como café especial, com nomes como Old Brown Java, Brown Bali ou, no caso do Brasil, Golden Santos. Esse longo armazenamento deixa os grãos com uma coloração amarelo-amarronzada; o café perde acidez e ganha sabor que lembra madeira, feno seco ou meias de lã molhadas.

Não gosto de cafés que ficam estocados por tanto tempo, pois eles terão uma vida curta na gôndola. Tento, assim, importar cafés o mais rapidamente possível, para que os aromas delicados estejam bem pronunciados na xícara.

Acima, à esquerda, café maduro e bem desenvolvido.
À direita, cafés defeituosos

Cafés defeituosos

Infelizmente, nem todas as cerejas são perfeitas. Algumas nunca amadurecem, outras sofrem a ação de fungos ou insetos, e outras ainda caem no chão e apodrecem. Esses frutos produzem grãos nas cores preto, branco, marrom ou verde-fluorescente (*confira a imagem acima*). Você pode também encontrar no café grãos quebrados, pequenos, subdesenvolvidos ou com buracos. Todas essas características são de grãos defeituosos, pois são diferentes dos grãos normais, que são bem desenvolvidos e de cor azul-esverdeada. Um defeito em um único grão pode ser uma coisa tão séria que contaminará uma xícara inteira da bebida, fazendo com que ela apresente sabor mofado, terroso, de fruta ou batata apodrecida, ou algo semelhante. Por isso, se você quiser ter certeza de que seu café terá um sabor gostoso, é fundamental que ele seja livre de defeitos.

Muitos cafés vendidos no mercado mundial contêm, em maior ou menor grau, grãos defeituosos. Isso acontece por uma razão simples: ele é mais barato. O problema é que, quando o café é torrado e moído, se torna difícil notar defeitos sem prová-lo. Também é preciso conhecer qual é o tipo de defeito do grão e como é o seu sabor para poder descobrir o problema. É a mesma coisa que tomar um vinho com sabor de rolha. Se você não souber que o vinho pode desenvolver um sabor desagradável de rolha, provavelmente não notará que há algo errado com ele.

Grãos defeituosos podem resultar de técnicas descuidadas de colheita, manutenção precária da lavoura, mau processamento, secagem malfeita ou armazenamento em locais úmidos. Mas esses são apenas alguns dos vários exemplos de ocorrências que podem estragar o café. É praticamente impossível cultivar o fruto sem certo número de grãos defeituosos durante a produção. É por isso que precisamos removê-los, se quisermos uma boa xícara. Isso é feito em armazéns de beneficiamento.

Frutos de café imaturos, podres e maduros

Cafés com defeito são separados dos cafés maduros

Armazéns de beneficiamento

Depois que o café termina de secar, ele é enviado para o local de beneficiamento, onde serão retirados o pergaminho dos grãos e impurezas como pedras, galhos, folhas ou pedaços de metal. Os grãos serão então selecionados mecanicamente por tamanho. Essa etapa é importante, pois do contrário a mistura de grãos pequenos com grandes resultará numa torra desigual. De maneira geral, os grãos maiores conseguem um preço melhor porque usualmente têm um sabor melhor do que os grãos menores, menos desenvolvidos. Mas não siga essa regra ao pé da letra. Sabor, e não tamanho, é o que realmente importa.

Os grãos de café defeituosos são removidos no final desse processo. Geralmente, são as mulheres que sentam e catam os grãos com defeito, um a um. Esse é um processo caro e que consome tempo, mas, se o café for bom, vale o dinheiro investido. Em alguns países, onde a mão de obra tem um custo alto ou os locais de beneficiamento são grandes, se utilizam máquinas eletrônicas de seleção por cor, para analisar a coloração de cada grão

Seleção manual para a retirada dos grãos defeituosos. Um emprego de verão perfeito para quem acha que café especial é muito caro

e remover os que apresentam defeitos. Isso é bem mais eficaz, mas as máquinas requerem manutenção e são um investimento relativamente alto. Às vezes, o método manual funciona em conjunto com o mecânico, e isso, de fato, produz os melhores resultados.

Produto de estação

O café é sazonal, assim como os morangos e as maçãs na Noruega. É difícil imaginar bons morangos noruegueses durante um dezembro de neve e, mesmo que o café verde tenha um tempo de vida maior na prateleira do que os morangos, os cafés frescos são mais saborosos do que os velhos. Algumas vezes, o café verde pode se deteriorar com apenas dois meses de armazenamento. Outras vezes, pode ser conservado por até catorze meses. Você nunca saberá disso com antecedência, pois as condições de armazenamento e de transporte, que são fatores cruciais na determinação do tempo de conservação do café, variam de um lugar para o outro. Se você finalmente encontrou seu café favorito, pode frustrar-se ao perceber que o sabor dele muda a cada semana. Isso é quase impossível de ser evitado, e você notará que o café, gradualmente, perderá seu frescor, e seu sabor se aproximará cada vez mais de palha seca, madeira e saca de juta.

Trabalhadores colombianos carregam um caminhão com sacas de juta de 70 quilos, cheias de café

O café verde embalado a vácuo dura mais tempo

Felizmente, os frutos do café são colhidos em épocas diferentes do ano nos vários países produtores. A maioria deles tem apenas uma colheita por ano, e é por isso que, às vezes, as torrefadoras ficam sem seu café principal – elas tentam vender o café quando ele está em seu melhor momento. Essa é uma razão perfeita para explorar novos grãos de outros países. Quem sabe você não encontra um novo café de que goste mais?

Café torrado

É difícil acreditar que as pessoas beberam café antes que os árabes descobrissem que o grão torrado era bem mais saboroso do que o cru. De fato, há pouca coisa no aroma fresco e herbáceo de um café cru que lembre o perfume doce de um grão recém-torrado.

No início de 1900, era comum torrar cafés em casa, mas, após algum tempo, a maioria das pessoas preferiu comprar os grãos previamente torrados nas lojas. Isso talvez tenha acontecido porque elas levavam muito tempo para torrar os próprios grãos, ou ainda porque as grandes torrefadoras se esmeraram em torrar e embalar seu café e, portanto, ele tornou-se mais gostoso do que quando torrado em casa.

Hoje em dia, há cada vez mais gente retomando antigas tradições e torrando os próprios grãos em casa. Embora eu não desencoraje essa prática, um bom mestre de torra tem muito mais conhecimento para avaliar sensorialmente os testes de torra.

Qualquer um pode transformar grãos verdes em marrons através do calor, mas, mesmo que ele ganhe essa coloração e tenha um aroma gostoso, isso não significa que seu sabor também será delicioso. Mas por que isso acontece?

O processo da torra

Diferentemente do vinho, que é exportado como o produto final do país produtor, o café é importado pelos países consumidores como um produto inacabado. Mesmo que os sabores naturais do café sejam o resultado de condições próprias do país que o produziu, um mestre de torra ainda será capaz de afetar o equilíbrio do sabor de acordo com seu modo de torrar. Equilíbrio de sabor significa a relação entre acidez,

A cerimônia do café na Etiópia começa com a torra do grão

amargor e doçura. O processo de torra também determina como será nossa experiência com os aromas do grão. Em outras palavras, o mesmo café pode ter sabores completamente diferentes se for torrado de maneiras diversas.

Não há uma receita ou um método ideal para a torra do café, pois é o sabor que importa. Há tantas preferências de sabor quanto existem torrefadores e consumidores. Os diferentes tipos de café necessitam de perfis de torra também diferentes, pois os grãos têm vários tamanhos e densidades, além de diversos níveis de umidade. Outra razão pela qual a torra do grão é um processo complexo é que tanto o café cru quanto o ambiente onde ele será torrado mudam constantemente. Assim, é impossível conseguir resultados idênticos de um dia para outro, mesmo que você siga estritamente as receitas de torra e faça o processo sempre da mesma maneira. O segredo para ser um bom mestre de torra é aprender por tentativa e erro, e provar cada perfil que for feito, pois assim é possível ajustar o perfil de torra baseado nos resultados apresentados na xícara.

Café recém-torrado
sendo resfriado

Há vários tipos de torrador, e muitas tecnologias diferentes por trás dessas máquinas. É por isso que o café pode ser torrado de tantas formas, e porque cada uma delas terá seu sabor especial. Os torradores mais comuns se baseiam em tecnologias antigas, como um tambor de rotação de aço, que é utilizado para manter o café em movimento. Esse tambor é aquecido por chamas, que também geram o ar quente que circula dentro e ao redor do tambor.

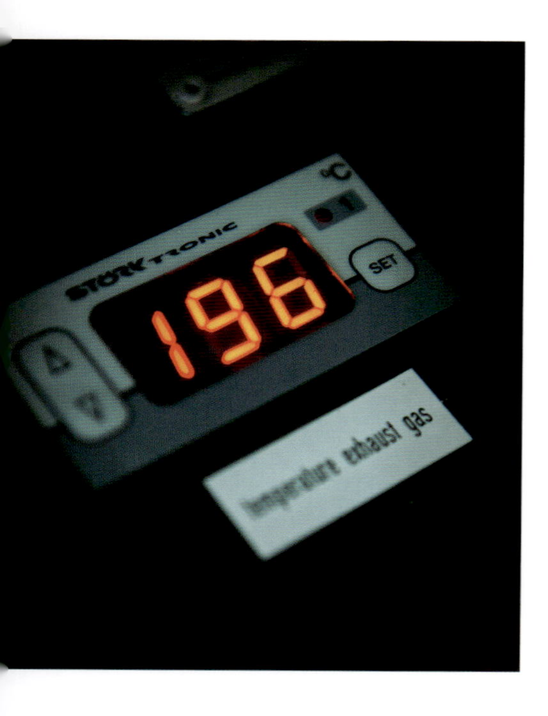

Dentro do torrador

Via de regra, o café é colocado no tambor quando a temperatura está entre 200 °C e 230 °C. Ela então cairá para algo entre 100 °C e 150 °C, antes de começar a subir gradualmente. Durante os primeiros oito a dez minutos do processo de torra, os grãos mudam de cor, do verde para o amarelo-amarronzado. Esse é o processo de secagem. Enquanto ele acontece, a água nos grãos de café evapora. Muito do vapor não conseguirá escapar dos grãos, pois a estrutura celular do café é bem rígida. Isso faz com que a pressão do vapor dentro do grão aumente. Depois de oito a dez minutos, a pressão torna-se tão grande que os grãos se expandirão. Essa etapa é marcada por um som de estalo característico, uma espécie de estouro de pipoca. Isso é chamado de "primeiro crack". Os grãos agora começam a escurecer e se tornam consideravelmente maiores. Os açúcares presentes no café começam a ser caramelizados e o processo de escurecimento, causado por numerosas reações químicas, denominadas Reações de Maillard, cria centenas de novas substâncias aromáticas em cada grão, o que ajuda a dar ao café seu aroma doce característico.

Se pararmos de torrar o café no primeiro crack, ele terá aroma vegetal (de grama) e uma acidez não desenvolvida. Assim, temos que torrar o café por mais alguns minutos. Nesse momento, o dióxido de carbono forma-se dentro dos grãos e, se os torrarmos um pouco mais, eles atingirão um crack pela segunda vez. Isso é conhecido como "segundo crack" e resulta da quantidade demasiada de gás, que cria muita pressão nos grãos. Geralmente, o café destinado ao espresso é torrado até o segundo crack. Já os cafés de torras mais claras, usados numa french press, numa cafeteira ou em equivalentes, são torrados em algum momento entre o primeiro e o segundo crack. Isso acontece porque os diferentes métodos de preparo acentuam características diversas do café, e é por essa razão que podemos ajustar o nível de torra ao equilíbrio de sabor que queremos num determinado grão.

Depois da torra

Quando o café alcançou o nível de torra desejado, é importante esfriá-lo rapidamente para interromper o processo de torra e evitar que ele desenvolva um gosto amargo. Uma maneira de fazer isso é borrifar água nos grãos dentro do tambor de torra e então continuar a esfriá-lo, jogando ar sobre ele na bandeja de refrigeração. Esse não é o método ideal, porque os poros dos grãos de café se abrem e rapidamente soltam grandes quantidades de gás e de aromas, reduzindo, em última instância, seu tempo de prateleira. Ao mesmo tempo em que esse método permite que o café seja degustado um dia após a torra sem que tenha sabor de grama, ele deve ser consumido entre uma e duas semanas.

Há também outro método de resfriamento, em que o café perde calor apenas por ventilação na bandeja de refrigeração, o que aumenta seu tempo de vida na prateleira para três ou quatro semanas, pois a maioria dos gases e aromas permanece no grão. Por causa disso, o café leva mais tempo para eliminar o gás, e você deve esperar dois dias depois de torrá-lo para poder tomá-lo. Os cafés resfriados dessa maneira geralmente têm muito sabor de fumaça nos primeiros dias depois do processo.

Para o consumidor, o último método de resfriamento é a melhor alternativa. Poucas pessoas moram ao lado de uma torrefadora e só compram café uma vez por semana. Falaremos mais sobre isso na seção *Café torrado é produto fresco*.

Nível de torra

Quando se utiliza um torrador de tambor, a maioria dos mestres de torra interrompe o processo entre dez e vinte minutos. Isso significa que a temperatura do grão estará, de modo geral, entre 175 °C e 200 °C. Como já foi dito, não há uma temperatura ideal para torra de café. Todos os cafés são diferentes, assim como são também diversos os mestres de torra, com preferências particulares em relação ao equilíbrio no sabor e aos aromas que desejam apresentar em cada grão. Alguns grãos são mais gostosos em torras mais claras, outros precisam de uma torra levemente mais escura para que ganhem um sabor melhor. Também gosto de diferenciar níveis de torra em relação ao método de preparo que pretendo usar.

Cor de torra

Há vários termos diferentes para o café que buscam indicar o nível de torra escolhido, como italiana, francesa e city roast. Como vimos, o café não é produzido nem na Itália nem na França, mas nos trópicos. Cafés italianos e franceses, ou seja, torra italiana e torra francesa, como eles são de fato chamados, indicam o nível de torra e não seu país de origem. Infelizmente, não há um padrão definido para as torras italiana ou francesa. Tanto na Itália quanto na França, o café é torrado de diferentes maneiras, e diversas torrefadoras operam com múltiplos blends e níveis de torra.

Na Escandinávia, a torra francesa é geralmente um blend para espresso de torra mais clara, e uma torra italiana significa uma torra um pouco mais escura. Nos Estados Unidos, a torra francesa é, comumente, uma torra extremamente escura, que se aproxima do carvão, o que é uma garantia de que o café terá gosto amargo e queimado. Minha advertência é que você não se fie muito nesses termos, mas que escolha um café baseado em seu sabor e em sua composição. Você deve ter certeza do que há no pacote antes de comprá-lo.

Mesmo que todas as torrefadoras tenham o próprio jeito de descrever os níveis de torra, vou dar aqui algumas poucas descrições e orientações gerais com o objetivo de selecionar torras para diferentes métodos.

• TORRA CLARA

Pessoalmente, não gosto que meu café tenha sabor de queimado e, portanto, prefiro torras relativamente claras, para trazer os aromas naturais de cada grão a um nível mais alto do que seria possível com uma torra mais escura. Embora haja várias nuanças entre torras claras, elas geralmente oferecem mais acidez na xícara e mais aromas naturais do café, como os frutados, florais, achocolatados e de castanhas. O perigo é quando elas são muito claras. Os cafés torrados dessa maneira desenvolvem um sabor vegetal e uma acidez desequilibrada. Esse estilo de torra requer precisão da parte do mestre de torra, pois o café também terá sabor de queimado se ele for torrado por muito tempo. Além do mais, esse estilo pede um café cru de alta qualidade, pois em

O mesmo café, torrado em três níveis diferentes. Retiramos pequenas amostras durante o processo, para encontrar a melhor torra para cada café

níveis mais claros de torra é mais fácil um grão ganhar sabor de café imaturo ou defeituoso. Os cafés de torras claras se adaptam melhor a métodos como french press, filtrado, aeropress (*veja a figura na página 106*) ou steeped coffee* (*veja a página 95*). Quando se prepara, por exemplo, um café sob pressão com uma máquina de espresso ou pelo método moka, mais ácidos do café são extraídos, o que produz no espresso uma acidez azeda e desequilibrada, e um sabor que lembra limão. Por causa disso, não recomendo usar cafés de torra clara nesses métodos, a menos que você tenha um interesse específico em fazê-lo.

• TORRA MÉDIA

Quando o café é torrado e atinge uma cor levemente mais escura, ele ganha mais doçura devido ao processo de caramelização dos açúcares. Parte da acidez será reduzida ou desaparecerá completamente, e o café vai parecer, no paladar, simultaneamente mais doce e mais amargo. Se você fizer uma torra clara ou média de um café queniano, por exemplo, a primeira torra normalmente evocará aroma de rosas, maracujá, cítricos e flores de café. Com uma torra média, o sabor mudará e poderá ser associado a groselhas negras, amoras e cerejas. De modo geral, todo café que não é preparado como espresso tem uma torra clara ou média. Você deve seguir em frente e tentar uma torra média para seu espresso ou moka. Geralmente essa escolha oferece um sabor divertido e interessante na xícara, mas talvez com um pouco mais de acidez para paladares diferenciados.

*Steeped coffee é um tradicional método norueguês de preparar café. Consiste em fazê-lo no fogo, numa panelinha, em que o pó é acrescentado à água fervente – mais ou menos como se faz no interior do Brasil. (N.E.)

• TORRA UNIVERSAL

Algumas torrefadoras têm a filosofia de torrar diversos cafés em níveis ideais de torra para cada um deles. Em outras palavras, o pessoal não está pensando em métodos de preparo quando torra adequadamente seus grãos, mas em preservar seus aromas naturais e maximizar sua doçura. De acordo com essa filosofia, pode-se saborear um café tanto em métodos coados quanto nas máquinas de espresso. Não sou muito fã dessa linha, pois acho que ela geralmente produz aromas queimados e, se o café for preparado numa french press ou na cafeteira elétrica, um gosto mais amargo. Ao mesmo tempo, pode haver muita acidez na xícara se o café for preparado para espresso.

Dito isso, há muitas pessoas que adoram essa conduta. De novo, nada é certo ou errado, é simplesmente uma questão de preferência. O sabor deve triunfar sobre dogmas, então, siga suas papilas gustativas e você encontrará um café de que gosta e a filosofia que prefere.

O mesmo café, três níveis diferentes de torra. Retiramos pequenas amostras durante o processo para encontrar a melhor torra para cada grão

• TORRA CLARA PARA ESPRESSO

Quando você torra um café até quase o segundo crack, ele geralmente vai bem quando preparado como espresso. Isso porque muito da sua acidez desaparece durante a torra, a doçura é mais desenvolvida e os grãos de café ficam mais porosos, tornando mais fácil para a água extrair seus sabores. Nesse nível de torra, os gases e os óleos do grão, a que a maioria dos aromas está atrelada, levam cerca de três a quatro semanas para escapar dele. Isso também preserva melhor os aromas voláteis do café.

Uma torra clara para espresso frequentemente estará equilibrada se o café for preparado como espresso. Além do mais, a bebida não terá gosto queimado nem amargo. Se você provar um espresso curto, imagino que vá gostar mais desse nível de torra do que de uma torra escura, pois os aromas naturais do grão estarão mais pronunciados. Se você quiser um preparo mais forte, experimente essa torra em uma moka ou na aeropress.

Lembre-se apenas de que o café torrado até o segundo crack ganhará sabor de queimado se for preparado numa french press ou numa cafeteira elétrica. Mas, é claro, não há nada de errado em preferir esse estilo de bebida.

• TORRA ESCURA PARA ESPRESSO

Se você continuar a torrar um café após o segundo crack, sua cor ficará muito escura e o café desenvolverá uma camada de óleo na parte externa dos grãos. Nesses óleos encontramos muitos dos aromas do café e de sua doçura. Como aqui eles estão fora dos grãos e em contato constante com o oxigênio, eles são oxidados, fazendo com que o café fique amargo e sem graça muito mais rápido do que na torra clara. Não sou fã das torras escuras para espresso, pois elas geralmente escondem os sabores naturais do café com sabores queimados e defumados. Se o café é torrado até ficar muito escuro, lembrará cinzas e carvão. Se você gosta de drinques com bastante leite, como caffè latte, por exemplo, certamente vai preferir esse tipo de torra, que é percebida com mais intensidade. Porém, isso não significa que seu drinque terá mais sabor de café, apenas que ele terá gosto mais amargo e de queimado, características de um café que vai muito bem com leite. Novamente, meu conselho é seguir suas papilas gustativas e descobrir aquilo de que gosta.

Blends

Muitas torrefadoras vendem blends ao lado de cafés de fazendas ou regiões famosas. Esses últimos são geralmente denominados *single origin* (única origem). Entretanto, a maioria dos cafés vendidos em supermercados é de blends de grãos de diferentes plantações, regiões e países produtores. Há, é claro, exceções, mas a razão de se criar blends diz respeito ao desejo das torrefadoras de que os consumidores confiem em que o café terá sempre o mesmo sabor. Esse é um dos motivos para a existência de blends. Outro é a criação, pelo mestre de torra, de um sabor mais complexo a partir da mistura de diversos cafés, com diferentes características. Gosto de comparar isso a um jantar. Um café single origin é como um jantar em que se comem apenas batatas. Mesmo que as batatas sejam maravilhosas, elas caem bem com carne ou peixe e, talvez, com algum molho, ou acompanhadas de outros vegetais. Isso torna a refeição mais interessante.

Fazer um blend pode ser extremamente desafiador. Ele requer uma boa dose de paciência e referências sensoriais, combinadas com uma visão do sabor que o blend deve ter. Mesmo que você faça um blend de cafés fantásticos, o resultado final pode não ter, necessariamente, um bom sabor. A coisa mais importante quando se faz um blend é saber que os cafés devem complementar-se, para que o conjunto final seja melhor do que os componentes individualmente. Você pode, também, ajustar o equilíbrio de sabor num blend com diferentes níveis de torra. Mas, como um blend deve ser torrado?

Alguns dizem que, se torrados juntos, os grãos trocarão calor entre si, produzindo uma torra mais estável. Outros afirmam que torram cafés diferentes individualmente para que eles possam ser corretamente torrados antes de compor o blend. Afinal, o que é melhor? Pela minha experiência, não se pode sempre torrar cafés diferentes juntos, pois grãos distintos têm tamanho e densidade diversos, e é por isso que nós, às vezes, precisamos torrá-los individualmente antes de misturá-los. Outras vezes, isso não importa. Novamente, o sabor é o mais importante, e não a teoria.

Café torrado é um produto fresco

É comum ouvir dizer que um café de torra recente e recém-moído é o melhor. Isso é realmente verdade? Já falamos sobre cafés recém-moídos no primeiro capítulo, o que não deixa dúvida sobre o assunto: o grão deve ser moído imediatamente antes do preparo.

Por outro lado, o café saído diretamente do torrador não é exatamente bom. Isso porque ele desenvolve um aroma de fumaça durante a torra, e o dióxido de carbono permanece preso no interior dos grãos. Um café recém-torrado tem sabores que lembram gás e fumaça, e um retrogosto amargo, ou seja, você vai sentir pouco de seus aromas frutados e florais. Costumo comparar um café recém-torrado a olhar o mundo através de uma embalagem de plástico. Você consegue ver os contornos, mas não descreve os detalhes.

Para livrar-se da maior parte do aroma de fumaça e extrair os melhores sabores, o café deve "se desgaseificar" antes de ser consumido. Esse processo deve ocorrer dentro de uma embalagem hermética. Abrir o pacote para acelerar a saída do gás não faz com que isso aconteça, e o café vai se deteriorar bem mais rápido. Assim, quanto tempo o café deve permanecer na embalagem hermética para que o gás escape?

O tempo para a saída de gás dos grãos depende de como ele foi torrado, resfriado, embalado e armazenado. Preferências pessoais também são decisivas para determinar em quanto tempo ocorre esse processo. Um bom parâmetro é que cafés com torra mais escura precisam de mais tempo para perder o gás, pois desenvolvem mais dióxido de carbono e aromas tostados. Torras mais claras não precisam "se desgaseificar" por tanto tempo.

Eu geralmente deixo blends para espresso perder CO2 num prazo de cinco a dez dias antes de utilizá-los. Não se esqueça que o sabor do café começa a se deteriorar após três semanas, portanto, ele estará no seu melhor momento por um curto período.

Como regra geral, gosto de cafés de torra mais clara, feita para french press ou cafeteiras elétricas, para ser usados um dia após a torra.

Porém, o café geralmente melhora, e de forma constante, quatro ou cinco dias depois de torrado. Cafés que têm a torra mais clara desenvolvem menos aromas de fumaça durante o processo. É importante lembrar que não interessa por quanto tempo você quer guardar seu café torrado antes de tomá-lo: o café ainda é um produto fresco e, para que seu sabor seja ideal, deve ser consumido, idealmente, entre três e quatro semanas após a torra.

Embalagem

Os piores inimigos do café são a luz, o calor, os cheiros fortes e o oxigênio. Portanto, é importante embalar o café para protegê-lo dessas ameaças. Se você quer preservar os aromas e sabores do café, o pacote de papel não é suficiente. Há várias maneiras de embalar o grão, e cada uma tem aspectos positivos e negativos. O que todas têm em comum é que nenhuma delas será capaz de manter o café fresco indefinidamente. O café é um produto fresco, cujo sabor evolui e se deteriora constantemente depois da torra. Pense num pacote de café como uma embalagem de leite – o leite tem data de validade, mesmo que esteja numa embalagem hermética.

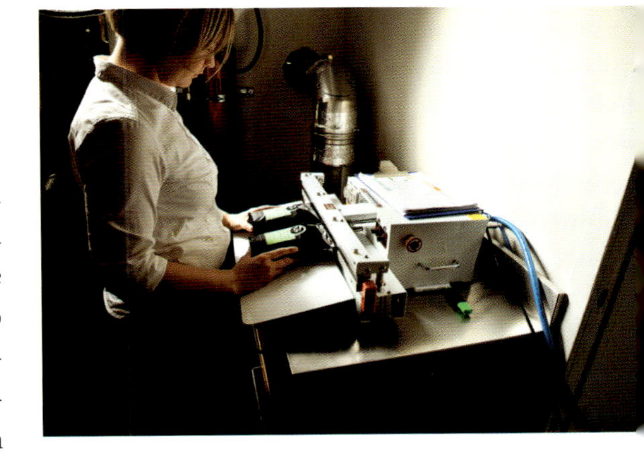

A maneira mais comum para acondicionar grãos inteiros são as embalagens seladas e herméticas. Quando se trata de grãos inteiros, o pacote deve ter uma válvula específica, pela qual escapam os gases, mas que impede a entrada do oxigênio. Isso evita que a embalagem estoure com a saída dos gases do grão, embora ainda haja oxigênio suficiente no pacote para oxidar os óleos do café e amargá-lo. Além disso, vários gases aromáticos escapam através dessa válvula. É por isso que o cheiro que sai é tão bom quando apertamos um desses pacotes.

O café armazenado sem ter sido moído pode permanecer fresco pelo prazo de uma a quatro semanas, dependendo da torra e do método de resfriamento. Se o oxigênio dentro da embalagem for substituído por nitrogênio, a validade pode ser estendida a doze semanas.

A maioria dos cafés vendidos em supermercados é embalada com esse tipo de técnica.[4] Mas não se esqueça de que, ao abrir um desses pacotes, o café deverá ser consumido em até dois dias.

Há ainda uma diferença significativa entre cafés recém-torrados e cafés com três meses de idade, embalados com gás nitrogênio. A dica é olhar a data de torra na embalagem em lugar da informação "melhor se consumido antes de...". Essa última, frequentemente, apresenta uma data de validade muito avançada no tempo.

Armazenamento adequado

Como os cafés torrados liberam gás carbônico, que os protege da oxidação, eles devem ser guardados no mesmo pacote em que foram comprados pelo maior tempo possível antes do consumo. Se você transferir seu café para uma lata, muito desse gás desaparecerá. Então, quando o café for aberto, é melhor manter sua embalagem original num pacote hermeticamente fechado. O café deve ser guardado sob condições estáveis. Mudanças de temperatura podem causar condensação nos grãos, e isso deve ser evitado. Idealmente, ele deve ser mantido entre 16 °C e 20 °C; além disso, deve ficar guardado no escuro, pois a luz do sol pode penetrar no pacote e danificar o café.

Evite acondicionar seu café no freezer, pois ele perderá sua doçura e se tornará amargo. Porém, pode ser uma boa ideia congelá-lo se você tem mais café do que é capaz de tomar antes do prazo de validade. Cafés com oito semanas e que foram mantidos sob temperatura ambiente ficarão sensorialmente piores do que os mantidos no freezer. Evite também o uso da geladeira para guardá-los, assim eles não absorverão os aromas indesejáveis de outras comidas. As mudanças de temperatura são outra forma de tornar seu café amargo. A coisa mais importante para ter em mente quando se armazena café é que ele é um produto fresco e deve ser usado entre três e quatro semanas após ter sido torrado. A melhor solução é comprar cafés com mais frequência e em quantidades menores.

---

[4] Isso não se aplica aos cafés vendidos em supermercados brasileiros. (N.E.)

HAMBORD
HAMBORD
HAMBORD
El Cóndor

Comprando cafés

Nem sempre é fácil comprar bons cafés. Às vezes, mesmo o mais fanático amante de cafés tem que se conformar com a falta de ofertas. Mas, se você pode escolher, faça-o corretamente. Seguem algumas dicas boas que, espero, façam de você um bom comprador.

Quanto custa um café de qualidade?

O melhor café custa mais do que o que você pode comprar no supermercado. Há várias razões para isso, mas, se você leu os dois primeiros capítulos deste livro, já sabe que o melhor café é mais caro de ser produzido do que o café de grande escala. Há também, e com frequência, uma demanda maior por cafés melhores, que puxa o preço para cima; ainda assim, comparativamente, o café de qualidade é barato. Se você calcular o preço por xícara, o café mais caro do mundo chegará a algo como R$ 30 cada uma, se ele for preparado em casa. Esse ainda será o valor mais alto, e seu café de todos os dias não pode custar o mesmo que um café Geisha, da Hacienda La Esmeralda.

De qualquer modo, hoje você pode comprar 250 g de um bom café por algo entre R$ 20 e R$ 40. Em outras palavras, uma boa xícara de café, para ser feita em casa, custará a você cerca de R$ 0,50, enquanto um café de supermercado custará cerca de R$ 7 (250 g), levando o preço da xícara a cerca de R$ 0,10.

Em qualquer um dos casos, você terá que se acostumar a preços mais elevados daqui para a frente.

Há poucos indícios de que os melhores cafés venham a ficar mais baratos. Mas, ainda assim, o café continua sendo, definitiva e comparativamente, um luxo barato.

Por que comprar cafés fair trade?

O café fair trade (termo em inglês para comércio justo) deve garantir ao consumidor que os cafeicultores e catadores recebam um pagamento justo por seu trabalho. Infelizmente, o preço do café fair trade é ridiculamente baixo e, enquanto escrevo este livro, ele é menor do que o preço que se pratica no mercado mundial do grão. Isso significa que um cafeicultor pode vender seu produto por um valor maior do que o preço praticado no fair trade, mesmo que ele não seja certificado para esse tipo de comércio.

Mesmo que o fair trade seja uma filosofia importante e tenha seu lugar no mercado*, não sou totalmente a favor desse sistema, principalmente porque ele não me dá garantia da qualidade do café. Isso sem mencionar o fato de que os produtores precisam investir muito tempo na certificação fair trade, sem que, necessariamente, seus lucros sejam elevados.

Basicamente, o sistema fair trade funciona de tal forma que um produtor que ofereça grãos de qualidade razoável deverá ser tão bem pago quanto aquele que trabalhou arduamente para cultivar o melhor café possível. É, de certa forma, uma espécie de sistema de salário mínimo. Muitas vezes, observo que o café com certificado fair trade que compro no supermercado, a um preço por quilo ligeiramente maior, não é necessariamente melhor do que o café convencional da mesma marca. Então, é justo para mim, como consumidor, pagar mais por um café que tem sabor pior do que o de uma marca mais barata?

Felizmente, existem outras maneiras de nos certificarmos de que os cafeicultores estão participando de um acordo justo. Muitas torrefações especiais compram cada vez mais grãos em leilões pela internet, como o Cup of Excellence.

*O **fair trade** trabalha principalmente com cooperativas compostas de vários cafeicultores, donos de pequenas plantações, que muitas vezes produzem bem pouco café para vender. Trabalhando com uma cooperativa e misturando seu café ao de outros, eles podem vender volumes maiores para grandes empresas. Isso torna importante um sistema de preço mínimo, porque, historicamente, o valor de mercado foi sempre muito baixo, e sempre a favor do comprador

Cup of Excellence é uma competição entre produtores de cafés cujo objetivo é buscar os melhores lotes de diferentes fazendas de cada país produtor a cada ano – e, depois, colocá-los à venda num leilão pela internet.

Qualquer pessoa pode se registrar para receber amostras desses lotes de café, e custa muito pouco para participar desses leilões. Assim, os melhores cafés ficam com os melhores compradores. O agricultor recebe 80% do preço de venda, e os valores

variam entre o dobro do preço praticado no mercado de commodities e mais de cem vezes o valor no mercado de especiais. Nada é mais justo do que isso. O agricultor é bem pago e o comprador recebe um café incrível. Mesmo assim, o Cup of Excellence não é certificado como café fair trade.

Embora o concurso seja pioneiro no mercado e reúna poucos cafés, se considerarmos o volume mundial comercializado, esse modelo teve um efeito cascata em toda a indústria cafeeira ao mostrar como podemos comprar cafés de uma maneira totalmente nova. Esse leilão tem sido fundamental no desenvolvimento de um novo patamar no negócio do grão: comércio direto, em que torrefadoras tentam comprar diretamente de cafeicultores.

Comprar diretamente dos produtores, porém, é, muitas vezes, um processo complicado – e nem sempre possível. Portanto, a expressão "comércio direto" pode ser enganosa. O aspecto mais importante desse modelo não é necessariamente evitar o intermediário no processo de compra. O objetivo é construir relacionamentos entre cafeicultores e importadores/torrefadores de café, preservando os interesses de ambas as partes e mantendo o diálogo.

Como importador de cafés e torrefador, esse é o modelo que tento utilizar quando compro cafés, porque ele se baseia no pagamento de preços mais altos por um produto de melhor qualidade – um sistema de recompensa em lugar de um sistema, digamos, de salário mínimo. Se o agricultor não faz um bom trabalho e não oferece boa qualidade, não haverá acordo. Mas, se o café for de ótima qualidade, ele será muito bem pago.

Ao me comunicar com o produtor, posso facilmente garantir que ele seja realmente pago. Além disso, posso ter influência sobre como ele cuida do seu café e guiá-lo na direção que desejo. Dessa maneira, você não só melhora a qualidade de um café como, muitas vezes, consegue um bom amigo com quem pode compartilhar conhecimento e boas conversas.

Mesmo que todo café que compro nesse modelo seja muito mais caro que o adquirido no fair trade, ele não é vendido como um fair trade certificado. Isso porque há muita papelada envolvida, e o café não vai melhorar se tiver um selo extra na embalagem, com um logotipo de fair trade.

O que realmente conta é o comércio sustentável, tanto para o produtor quanto para o comprador. E o mais importante para você é, prova-

velmente, gostar bastante de um café pelo qual você pagou um pouco mais.

Onde comprar cafés de qualidade?

Nem sempre é fácil encontrar cafés de qualidade quando você não mora em uma cidade grande. Não há dúvida de que se obtêm os melhores grãos em cafeterias especializadas, onde a equipe conhece muito sobre cafés de qualidade. Se você começar a fazer perguntas sobre os cafés à venda, rapidamente descobrirá se eles realmente os provaram e se sabem os métodos mais adequados para prepará-los. No mínimo a equipe deve estar informada sobre a data de torra dos grãos. No entanto, isso não acontece em todas as cafeterias. Assim, não tenha medo de ser o cliente exigente,

que faz perguntas ousadas ao comprar café. Todo mundo que se interessa por café gosta de falar sobre ele.[5]

Como você pode diferenciar um café bom de um ruim?

• **USE SEUS SENTIDOS**

Embora a maioria das pessoas tenha a impressão de que o melhor café é vendido em grãos, seja no supermercado, seja em cafeterias, isso nem sempre é verdade. Se você perceber que o giro em uma loja é baixo e que o café está armazenado em contato com o oxigênio, peça para sentir o aroma dos grãos antes de comprá-los. Pode ser que o café esteja muito velho. Se seu aroma for doce e agradável, como o de um pão recém-assado, compre-o. Se ele cheirar a caixa de papelão, velha e empoeirada, pergunte se o lugar tem algo mais fresco no estoque – ou desista. Não importa quão bom tenha sido o grão originalmente: café velho não cheira bem. É muito melhor então comprá-lo já moído, numa embalagem a vácuo no supermercado, do que adquirir grãos velhos numa cafeteria.

Outro sinal de que o café é antigo é a presença de óleos ou gorduras visíveis no material de que é feita a embalagem, ou, ainda, nos próprios grãos. A possibilidade de que os óleos estejam oxidados e de que o gosto do café seja amargo é enorme.

[5] Essa realidade vale para a Noruega, mas não para o Brasil, já que os cafés commodities vendidos aqui têm a qualidade de matéria-prima e de torra comprometida. (N. E.)

• CHEQUE A DATA DA TORRA

As melhores torrefações de café põem, no pacote de seu produto, a data de torra ou de embalagem. Como regra geral, a data de embalagem é igual à data da torra, já que a maioria dos torrefadores empacota o café imediatamente após o processo. Mas isso não ajuda muito se o invólucro não estiver selado e isso permitir a entrada de ar. Assim, ao buscar cafés melhores, procure por aqueles que estejam em embalagens seladas. Se o café estiver embalado em um pacote de papel, você deve dar uma olhada nos grãos e cheirá-los. Em lojas com um alto giro de produtos, pode ser que o café esteja recém-torrado e com bom sabor.

• INFORME-SE SOBRE O PRODUTO

Independentemente do tipo de pacote, ele deve fornecer dados importantes sobre seu conteúdo. Se o pacote listar várias informações, como variedade de café, condições climáticas, processamento (café lavado, café natural etc.), o nome da fazenda ou da cooperativa onde ele foi cultivado, o nome do produtor e, quem sabe, uma curta descrição de seu sabor, é sinal de que se trata de um bom produto. Quanto mais específicas forem as referências sobre a origem dos grãos, maior será a chance de o café ser eticamente negociado.

• NO SUPERMERCADO

Se você não mora perto de uma cafeteria ou de um café, provavelmente comprará seus grãos no supermercado.

Uma boa dica para ajudá-lo a escolher um café mais fresco é procurar no pacote a data de sua produção. Infelizmente, porém, nem sempre as torrefações informam a data de torra ou de produção.

Outra boa dica é evitar adquirir no supermercado os mais baratos. Eles geralmente são de má qualidade. Você também deve escolher, se possível, grãos que foram torrados localmente, pois, em geral, são os mais frescos.

Se você achar que o café tem uma acidez muito elevada, escolha um de torra mais escura – possivelmente ele terá um gosto menos ácido. Por outro lado, se você perceber que é muito amargo, escolha um de torra mais clara.

Deve-se ler na embalagem, também, que os grãos são 100% arábica, mas isso não significa que o produto tenha alta qualidade. No entanto, ele provavelmente será melhor do que o café mais barato, cuja embalagem informa conter 100% de café. Já tive experiências bem ruins com cafés assim, e essa é, provavelmente, a razão por que eles são vendidos quase de graça.

Qual café você deve escolher? Um guia de sabores para o universo do grão

Mocha Java, Breakfast Blend, Kenya AA, Brasil Santos, Christmas Coffee e Blue Java são referências bem conhecidas no mundo do café. Mas qual é, realmente, o sabor do Christmas Coffee? E o que está em uma mistura de Mocha Java? Aliás, você sabia que não se cultiva café na cidade portuária de Santos, no Brasil?

Felizmente, a cultura do café em todo o mundo tem se desenvolvido enormemente ao longo dos últimos vinte anos – de maneira lenta, mas segura – e muitos dos nomes tradicionais do café estão ficando obsoletos. Da tradição de vender café denominado 100% Colômbia, que era um blend de grãos de inúmeras plantações anônimas (o mesmo que vender uma garrafa de vinho como sendo 100% francês), as pessoas passaram a perceber o valor de comercializá-lo separadamente, a partir de plantações individuais ou de pequenas cooperativas. Frequentemente um pacote de café de qualidade informa o nome da fazenda onde ele foi cultivado, como Hacienda La Esmeralda, no Panamá.

Isso abriu um mundo totalmente novo de sabores, em que não se pode mais afirmar que o café colombiano lembra chocolate e castanhas, ou que o da Etiópia tem boa acidez e traços de bergamota. Você pode encontrar um universo de sabores dentro de um mesmo país porque o clima, as espécies de café, o solo e o processamento variam amplamente de fazenda para fazenda. Isso posto, existem certas tendências regionais de paladar. Aqui, tento oferecer um pequeno guia sensorial sobre alguns dos meus cafés favoritos, bem como algumas dicas específicas para os aventureiros. Mas lembre-se de considerar essas descrições de maneira relativa, pois pode haver variações locais significativas.

AMÉRICA DO SUL

O **Brasil** ocupa, há muito tempo, o posto de maior produtor de café do mundo. O país produz, predominantemente, variedades de arábica, mas também alguns robustas. Um bom café brasileiro processado pelo método natural é, com frequência, bastante encorpado, doce e evoca sabores de chocolate, frutas secas, tâmaras, avelãs e amêndoas. Um café descascado ou lavado será, muitas vezes, mais elegante, com sabores de marzipã e frutas secas. De maneira geral, os grãos brasileiros têm baixa acidez* e um retrogosto doce e prolongado. É um café adorável para tomar pela manhã e adequado para bebidas à base de espresso com leite.

A **Colômbia** é o terceiro maior país produtor de café. A maioria do café colombiano é lavada e conhecida por ter um sabor limpo e elegante. Os bons grãos do país são, via de regra, muito equilibrados e oferecem um corpo acentuado e untuoso, notas leves de frutas como damasco e ameixa fresca, além de frutas vermelhas como groselhas, cerejas negras, cerejas vermelhas e frutos do bosque. Às vezes, encontram-se cafés com sabor de cacau e castanhas, mas, pessoalmente, prefiro as variedades mais frutadas da região de Huila, ao sul. O café colombiano geralmente vai bem com álcool por causa de seu sabor suculento e equilibrado, que não compete com bebidas fortes e aromáticas.

---

* Este livro, escrito em 2008, não mais reproduz o que se conhecia como perfil sensorial do café brasileiro. Hoje em dia, o mercado internacional já reconhece que oferecemos cafés muito mais complexos. (N.E.)

AMÉRICA CENTRAL

É uma loucura tentar descrever a América Central como um só produtor de café. Há tantos microclimas, varietais, métodos de processamento (principalmente lavados) e sabores diferentes que seria possível facilmente escrever um livro inteiro para essa região. A América Central é quase como o mercado do café. Encontram-se cafés robustos, encorpados e doces, de **El Salvador**; cafés finos, elegantes e estruturados, da **Nicarágua**; grãos imponentes, frutados e suculentos, de **Honduras**; variedades delicadas, cremosas, com notas de chocolate e frutas, da **Guatemala**; cafés doces e frutados, da **Costa Rica**; e cafés que lembram castanhas, do **México**. Sou um grande fã dos cafés de Honduras, pois geralmente são muito frutados, com sabor de manga, pêssego e maracujá.

ÁFRICA

Os cafés lavados do **Quênia** estão entre os meus favoritos. O solo e o clima – sem mencionar o arábica SL28, que é a variedade mais popular cultivada no Quênia – dão ao café um sabor totalmente exclusivo. Os melhores grãos do Quênia têm uma acidez intensa, que evoca cassis maduro, frutas cítricas ou cerejas. Esses cafés podem ter aromas intensos de cassis e mirtilos e, frequentemente, sabor de rosa-mosqueta, maracujá e groselha, com notas florais. Como o café queniano é relativamente vivo e tem muita acidez, vai muito bem com bolo de chocolate ou sobremesas à base de chocolate. Você também pode fazer variações interessantes do irish coffee, experimentando diferentes uísques e cafés do Quênia.

A **Etiópia** é a pátria do café e oferece muitos estilos; uma paleta de sabores que vai do café natural da região de Jimma, achocolatado e encorpado, aos cafés florais e frutados das regiões de Sidama e Yirgacheffe, que são alguns dos meus favoritos. Se você encontrar um bom grão de Yirgacheffe, pode esperar uma bebida com sabor intenso de flor de café (que lembra limão e jasmim) e especialmente bergamota, que é o que dá ao chá Earl Grey o seu sabor. O café lavado de Yirgacheffe geralmente tem uma acidez elegante, que pode fazer você pensar que está tomando chá e não café. Já quanto aos cafés processados pelo método natural das regiões de Sidama (muitas vezes chamado de café Sidamo) ou Yirgacheffe, pode-se esperar uma verdadeira bomba de frutas, como mirtilo, morango e frutas de caroço. Infelizmente, é difícil encontrar um café Sidamo de boa qualidade.

ÁSIA

A **Indonésia** é o quarto maior produtor mundial de café. Alguns cafés bem conhecidos provêm dessa região, incluindo Blue Java, Sumatra e Brown Bali. O que torna a Indonésia um país particular é o fato de sua produção de café não ser muito eficiente. Os grãos são, muitas vezes, rústicos demais e de qualidade desigual.

Os bons cafés Sumatra lembram notas de terra úmida, couro, tabaco e frutas ligeiramente maduras. Eles são muito encorpados, com baixa acidez e muito doces. Esses grãos não estão entre os meus favoritos, mas há muitos que gostam desse tipo de café.

O Java geralmente tem um paladar um pouco mais elegante, com sabores mais amadeirados e de castanhas. No entanto, faz muito tempo que tomei um bom café de Java.

Brown Bali é um café antigo e tem um sabor que lembra madeira e saco de juta. Certamente não é o melhor café do mundo, mas há mercado para todo tipo de grão.

A **Índia** produz grandes quantidades de café robusta, além de uma série de variedades de arábica. O clima quente e úmido do país forçou os indianos a desenvolver novos varietais de arábica, que são mais resistentes aos ataques de fungos e de outros organismos prejudiciais, que podem matar os pés de café. Isso fez com que a Índia apresentasse cafés com perfis de sabor que não são comumente encontrados em outros países. Um bom café indiano lavado tem baixa acidez e deixa uma sensação macia na boca. O grão indiano é geralmente rústico e encorpado, mas tem um sabor limpo. De modo geral, você encontrará sabores intensos de cacau, castanhas, especiarias e, algumas vezes, passa e ameixa seca. Os cafés mais interessantes também têm notas de baunilha e de carvalho.

Mitos

A falta geral de conhecimento sobre o café e sua produção abre espaço para histórias místicas e extraordinárias sobre bebidas exclusivas, que custam os olhos da cara e têm um sabor fantástico. Na maior parte das vezes, esses cafés são produtos medíocres, alavancados por histórias incríveis. Por isso decidi, de uma vez por todas, confrontar essas percepções e mitos.

- **JAMAICA BLUE MOUNTAIN**

Por muitos anos, a área Blue Mountain, na Jamaica, teve reputação de produzir cafés de qualidade caros e incríveis. O café Blue Mountain só cresce em uma pequena montanha perto da capital de Kingston, onde as empresas japonesas controlam grande parte de sua produção. Uma vez que a produção é baixa e a demanda, alta, o preço do quilo subiu naturalmente para mais de US$ 130. Além disso, o café verde é exportado em exóticas barricas de madeira em lugar dos tradicionais sacos de juta, o que torna o café ainda mais exclusivo. Estive na Jamaica em busca de um bom produto, mas achei, basicamente, cafés desinteressantes, com pouco caráter e preços altos. Use seu dinheiro num bom moedor e compre grãos mais baratos e significativamente melhores da América Central.

- **KOPI LUWAK – FEZES DE ANIMAL**

Uma história popular no mundo do café fala sobre uma civeta (kopi luwak), tipo de gato asiático, que come as cerejas do café e digere sua polpa, mas não os grãos. As fezes da civeta, portanto, contêm grãos de café inteiros. Essa história diz que os ácidos do estômago do mamífero digerem as proteínas dos grãos de café, o que o torna menos amargo. As fezes são coletadas por pessoas da região e o café é lavado e seco antes de ser vendido.

Se você leu este livro desde o começo, deve ter percebido que essa história é uma tolice. Você saberia que não é preciso muito para arruinar o sabor de um café. Há muito mais desse café sendo vendido do que há fezes de civetas na Indonésia. Ainda assim, o quilo desses grãos pode custar mais de US$ 700.

Na Jamaica, o café verde é acondicionado em barricas no lugar de sacos de juta

Essa história também é contada quando se quer falar sobre variedades de outros países, quando aí envolve macacos e pássaros. Meu conselho é: mantenha-se longe de produtos alimentares que passaram pelo trato digestivo de um animal exótico. Aproveite seu dinheiro em uma viagem até uma plantação de café, para aprender um pouco mais sobre como ele é produzido.

• HACIENDA LA ESMERALDA E GEISHA

O café mais caro do mundo, vendido em leilão, vem do Panamá, da fazenda Hacienda La Esmeralda. Como já mencionado, Geisha é uma variedade de arábica que, por um motivo ou outro, prospera particularmente bem nessa plantação. Esse é um dos melhores cafés que já provei: oferece uma sensação de boca clara e limpa, uma acidez estruturada e elegante, aromas de jasmim, bergamota e cítricos, e doçura que lembra o mel de acácia. Se você ainda não o experimentou, não hesite se tiver chance. Mesmo que o café seja caro, vale a pena pagar por ele. Afinal, você não precisa bebê-lo todos os dias. Não sou o único que pensa que esse café é excepcional.

Ele já ganhou a competição Best of Panama por vários anos consecutivos,

Baristas italianos em ação. A qualidade de seu espresso nem sempre condiz com seu equipamento

assim como alcançou diversos recordes de preço. Isso levou a fazenda a criar o próprio leilão on-line, em que torrefadores de todo o mundo competem pelo que seja, talvez, o melhor café do mundo, e que só vem dessa plantação.

• CAFÉ NA FRANÇA, NA ESPANHA E NA ITÁLIA

Muitas vezes ouço pessoas que dizem que o café na França, na Espanha, na Grécia e na Itália é fantástico e muito melhor do que aqui, na Noruega. A verdade é outra.

Nos últimos anos, o nível de conhecimento sobre a torra e o preparo de café aumentou consideravelmente na Noruega e na Escandinávia. Provavelmente isso tenha acontecido porque tanto as competições de baristas quanto a abertura de cafeterias se tornaram bastante comuns nas grandes cidades escandinavas e norueguesas. Os clientes passaram a exigir cafés de maior qualidade, o que fez a indústria do café norueguês se sentir compelida a entender todos os aspectos do que significa fazer a melhor xícara de café possível.

Talvez isso aconteça porque nunca tivemos uma forte cultura de espresso e, por muitos anos, ignoramos a importância de fazer uma boa xícara da bebida e usar bons grãos. Nós realmente experimentamos uma revolução do café – uma revolução que ainda não está em pleno andamento na França, na Itália ou na Espanha. Afinal, eles já sabem como fazer espresso. Estão fazendo isso há anos. É por isso que o café quase sempre é negligenciado naqueles países, e, exatamente por essa razão, muitas vezes, seu gosto é queimado e amargo. Além disso, eles não têm fácil acesso aos bons grãos, particularmente na França e na Espanha, onde se usa muito robusta nos blends. Na Noruega, por outro lado, 98% de todo o café é arábica.

Na Itália existem exceções onde o café é realmente bom. Viajei várias semanas pelo país em busca do espresso perfeito, e as experiências fantásticas, em geral, não se materializaram – mesmo tendo provado, vez por outra, um bom café espresso. Muitos podem achar estranho que na Itália, a pátria do espresso, seja preciso procurar muito para encontrar uma boa xícara, mas ser italiano não é sinônimo de ser campeão mundial de espressos. Na verdade, a Itália nunca conseguiu posição melhor do que o quarto lugar no Campeonato Mundial de Barista, talvez porque os italianos acreditem que já podem fazer o espresso perfeito.

• O CAFÉ INSTANTÂNEO É BOM?

Não, o café instantâneo não é bom. Ele é tão interessante quanto oferecer aos seus convidados vinho ou sopa instantâneos.

Métodos de preparo

Mesmo que você tenha comprado os melhores grãos, ainda há muita coisa que pode dar errado em seu preparo. É preciso prestar atenção nos detalhes para tirar o melhor proveito da bebida. Ainda assim, não é tão difícil ter sucesso e, se você seguir as receitas deste capítulo, estou certo de que ficará satisfeito com os resultados. É claro que também há espaço para experimentar, porque cada café é diferente. Pequenas alterações em proporção, moagem e tempo de extração trarão sabores diferentes a cada café.

Para começar, aqui estão algumas regras importantes para o preparo da bebida.

a. Use bons grãos

b. Utilize água na temperatura correta. Geralmente, de 90 °C a 96 °C, mas também há espaço para experimentar

c. Use equipamento limpo. Todo o equipamento deve ser limpo após cada uso

d. Use proporções exatas de café e de água

e. Utilize a moagem adequada ao tempo de preparo e ao método

f. Seja exato em relação aos tempos de preparo. Um mesmo café pode apresentar características diferentes se for preparado de maneira diferente. Nenhum método de preparo é melhor do que outro, eles simplesmente produzem resultados distintos na xícara

Não é fácil perceber a diferença entre os níveis de moagem de um grão. Da esquerda para a direita, esses cafés estão moídos para os métodos de infusão, filtro e espresso. O equipamento de preparo e o sabor do café na xícara devem determinar o nível de moagem do seu grão, que apresenta muitas nuanças.

Uma boa dica é perguntar na cafeteria que você frequenta qual a moagem utilizada para os diferentes métodos. Uma regra muito útil é optar por uma moagem mais grossa para tempos de preparo mais longos, como prensa francesa ou infusão, e uma moagem mais fina para métodos rápidos, como espresso ou aeropress.

CAL/BL
TARE
MODE
ON/OFF

Cup Tasting ou Cupping

Esse é o método que os profissionais utilizam quando provam café. Ele torna relativamente fácil a prova de vários grãos ao mesmo tempo, e montar uma degustação como essa é tarefa simples, pois você precisa de pouco equipamento.

Você vai precisar de

- Várias xícaras do mesmo tamanho
- Água em torno de 96 °C
- Moedor. Moagem para filtro ou mais grossa
- Três a cinco tipos de café. Dosagem: 60 gramas por litro. Torra clara ou média
- Uma colher de sopa grande por pessoa
- Cronômetro
- Cuspidor ou o equivalente
- Água quente para enxaguar as colheres
- Balança eletrônica

Como fazer

1. Descubra o volume de sua xícara e pese, para cada uma, aproximadamente 60 gramas de café por litro de água. Ou seja, 12 gramas de café para uma xícara de 200 ml.
2. Moa os cafés diretamente na xícara.
3. Cheire o café moído fresco em cada xícara, tentando perceber quaisquer diferenças de aroma. Anote o que você sentiu.
4. Despeje a água a 96 °C diretamente no café, até que a xícara esteja cheia.
5. Deixe o café em infusão por 4 minutos. Cheire a superfície dos diferentes cafés.
6. Após 4 minutos, quebre a crosta de café que se forma na superfície da xícara, para que o pó assente. Não mexa mais de 3 vezes cada xícara, ou você poderá provocar uma sobre-extração do café.
7. Remova a espuma bege da superfície e descarte-a na pia.
8. Aguarde entre 5 e 10 minutos para que o café esfrie um pouco.

9. Pegue com a colher uma boa quantidade da superfície da xícara e sorva o líquido como se estivesse tomando uma sopa quente.
10. Lembre-se de também provar o café quando ele estiver frio, já que costuma ser mais aromático.

DICA

Em vez de propor a seus convidados uma degustação de vinhos, você pode impressionar seus amigos, conhecidos ou confrades com uma degustação de cafés após o jantar. Degustar cafés é uma diversão barata e gera boas discussões, além de ser muito educativo. Compre café de diferentes origens e de várias qualidades para facilitar a prova sensorial. Vale a pena provar os cafés às cegas, identificando o fundo das xícaras para que ninguém saiba qual café está provando. Ao final da prova, revele a identidade dos grãos.

Steeped coffee

O café nesse método fica fantástico se preparado adequadamente. E também é fácil de fazer. É um mistério que esse preparo, uma tradição norueguesa há anos, esteja desaparecendo entre a geração mais velha. Talvez ele tenha ficado menos popular depois que pesquisadores alegaram que o nível de colesterol poderia aumentar ao beber cafés que não tivessem os óleos filtrados. Esses óleos dão aos cafés feitos assim seu sabor agradável e sua textura. Nos últimos anos, porém, pesquisas mostraram que há pouca correlação entre o consumo de café e os níveis elevados de colesterol.

VOCÊ VAI PRECISAR DE

- Chaleira
- Garrafa térmica ou bule de porcelana
- Cronômetro
- Fonte de calor. Cooktop, churrasqueira, bico de Bunsen ou fogueira
- Água
- Moedor. Moagem grossa
- Um bom café. Dosagem: 60 a 70 gramas por litro de água. Torra clara ou média
- Balança eletrônica

COMO FAZER

1. Meça a água.
2. Ferva a água na chaleira.
3. Pese o café.
4. Retire a água do fogo assim que ela ferver.
5. Adicione o café à água e mexa-o delicadamente, até que esteja completamente úmido.
6. Tampe a chaleira e aguarde por cerca de 5 minutos.
7. Quebre a crosta que se formou na superfície, para assentar o pó de café.
8. Aguarde 1 minuto antes de transferir o café para a garrafa térmica ou para o bule

preaquecido. Despeje até que a chaleira esteja quase vazia, para que você não transfira resíduo de café para o novo recipiente. É claro que você pode servir o café diretamente da chaleira, mas ele não ficará tão bom se permanecer em contato com a borra por muito tempo.

9. Deixe a garrafa térmica descansar por mais 1 minuto, para que o restante do pó, mais fino, decante. Seu café agora está pronto para ser servido.

PERFIL DE SABOR

O steeped coffee produz uma bebida surpreendentemente cheia de corpo, porque os óleos do café não são filtrados e acrescentam uma boa textura e sabor a ela. Uma vez que o café tem uma moagem relativamente grossa, seu sabor será limpo. Experimente cafés do Brasil ou da Colômbia para acentuar ainda mais seu caráter rico e encorpado. Praticamente todo café de torra clara ou média cairá bem nesse tipo de preparo.

DICA

Esse preparo de café é perfeito para acampamentos, piqueniques ou caminhadas, mas ele também pode ser servido num jantar de domingo ou numa festa em família. Experimente com diferentes proporções de café e água: o sabor será bem distinto se você utilizar 60 ou 70 gramas de café por litro de água.

French press (prensa francesa)

French press é um método de preparo bacana e fácil. Ainda assim, muitos não conseguem usá-lo corretamente porque não prestam atenção às medidas e ao tempo de extração, além de não terem certeza sobre quando mexer o café e acionar o êmbolo. Aqui está uma receita para preparar o café na french press da melhor maneira.

VOCÊ VAI PRECISAR DE

- French press
- Garrafa térmica ou bule de porcelana
- 2 colheres de sopa
- Cronômetro
- Água a uma temperatura de cerca de 96 °C
- Moedor. A moagem deve estar num nível entre a que é usada para filtro e a que é utilizada para steeped coffee
- Café de qualidade. Dosagem: 60 a 70 gramas por litro de água. Torra clara ou média
- Balança eletrônica

COMO FAZER

1. Pese quantidades exatas de água e café.
2. Ferva a água.
3. Preaqueça a french press com água quente.
4. Quando ela estiver aquecida, jogue a água fora.
5. Coloque o café na french press.
6. Despeje metade da água fervida sobre o café.
7. Mexa o café com uma colher até que todo o pó esteja úmido. Isso é importante porque o café fresco tem uma tendência a estufar (o fenômeno chama-se “bloom”) e dá a impressão de que o equipamento está mais cheio do que realmente está. Assim, se você encher demais a french press, nem todo o café ficará umedecido. Isso se dá pela

65.10
g
oz
dwt
ozt
Max:100g d:0.05g

presença de gases no café fresco.

8. Despeje o restante da água fervida.
9. Deixe o café em infusão por 4 minutos.
10. Após esse tempo, quebre a crosta que se forma na superfície do café, para que o pó desça para o fundo do equipamento.
11. Use as colheres para remover a espuma clara que se forma na superfície da bebida.
12. Coloque a tampa da french press e pressione o êmbolo.
13. Você pode servir o café diretamente da french press, mas ele não ficará tão gostoso se permanecer na cafeteira por muito tempo. Eu prefiro sempre colocar o café em uma garrafa térmica limpa depois do preparo.

PERFIL DE SABOR

O café preparado na french press produz um resultado semelhante ao do steeped coffee, mas geralmente oferece uma textura ligeiramente granulada e menos limpa se a moagem for muito fina. Experimente um café Bourbon de El Salvador, doce, ou outro bom café da América Central, com bastante doçura e acidez. Cafés delicados e aromáticos, como um café lavado de Yirgacheffe, por exemplo, podem perder parte da sua elegância quando preparados na french press. Mas você pode, é claro, fazer o café que quiser nesse método.

DICAS

Certifique-se de ter french press de diferentes tamanhos para diferentes ocasiões, caso queira fazer uma xícara para si mesmo ou café para um jantar de quatro pessoas, por exemplo. Uma french press é perfeita para jantares de quatro a seis pessoas. Um pacote de 250 gramas de café será suficiente para cerca de quatro french press grandes, mas não se esqueça de deixar um pouco dos grãos para o café do dia seguinte.

A LIRE ATTENTIVEMENT
AVANT L'USAGE
A UTILISER HORS DE
PORTEE DES ENFANTS
L'EAU CHAUDE DOIT
ETRE MANIPULEE
AVEC PRECAUTION.
RISQUES DE BRULURES
N'UTILISEZ QUE DU
CAFE GROSSIEREMENT
MOULU

Café filtrado

Preparar um café filtrado saboroso pode ser desafiador se a sua cafeteira não for de boa qualidade. Então, adquira uma cafeteira eficiente, que forneça água na temperatura certa e que contabilize corretamente o tempo de preparo. Você pode alterar o tempo de extração usando diferentes moagens e proporções, o que vai ajudar a encontrar o melhor sabor para o seu café.

VOCÊ VAI PRECISAR DE

- Uma cafeteira de boa qualidade
- Água
- Jarra para a água
- Moedor. Moagem para filtro
- Café de qualidade. Dosagem: entre 60 e 70 gramas por litro de água. Torra clara ou média
- Filtro de papel branco. Os filtros de papel naturais (que não passam por branqueamento) transferem seu sabor ao café e não são recomendados
- Garrafa térmica
- Colher de cabo longo, tipo bailarina
- Balança eletrônica

COMO FAZER

1. Meça a quantidade exata de água em uma jarra e despeje-a na cafeteira. Se você usar uma jarra sem lavá-la antes, sua cafeteira ficará suja rapidamente.
2. Coloque o filtro no suporte e enxágue-o com água fria para remover o sabor do papel.
3. Meça a quantidade exata de café e coloque-a no filtro.
4. Distribua o café uniformemente no filtro.
5. Ligue a cafeteira e calcule o tempo que leva a filtragem, desde o momento em que ele

começa a pingar na jarra até seu término. Esse será o tempo de extração. Se ele durar mais de cinco minutos, você deve usar uma moagem mais grossa. Se o tempo de filtragem for menor do que cinco minutos, use uma moagem mais fina.

6. Transfira o café para a garrafa térmica quando estiver pronto. Não o deixe esquentando na cafeteira, ou ele ficará amargo. Se você for servir na xícara, diretamente da cafeteira, mexa o café um pouco antes de servi-lo, pois geralmente ele estará mais fraco na superfície da jarra do que no fundo dela.
7. Enxágue e limpe todos os acessórios após a filtragem.

PERFIL DE SABOR

Se você fizer tudo direito, o café filtrado pode ser bem gostoso. A bebida tem, geralmente, um sabor limpo e evidente, mas pode não ser tão aromática como o café feito na french press ou o steeped coffee. Recomendo escolher um grão doce e com acidez equilibrada, da Colômbia ou de outro país da América Central, por exemplo. Escolha um café da Índia ou do Brasil se quiser uma bebida mais encorpada.

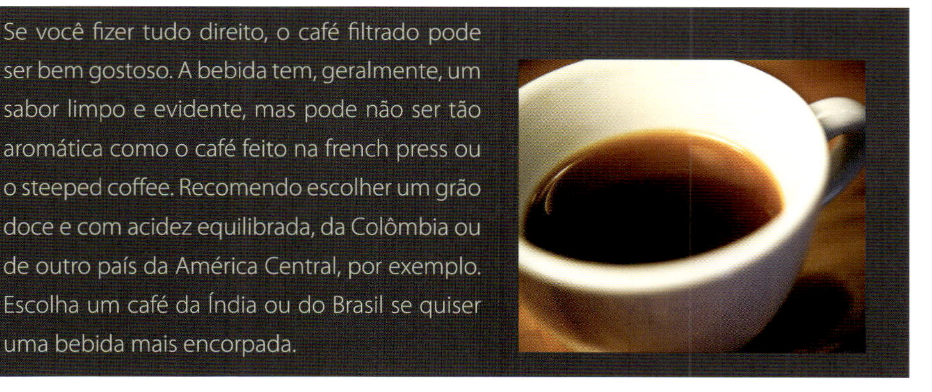

DICA

Limpe a cafeteira com um detergente específico para café[6] com a maior frequência possível. Isso evitará que sua bebida fique amarga.

[6] Para substituir o detergente, use bicarbonato de sódio. (N. E.)

Aeropress

Apesar de não ser o método mais atraente, esse pequeno acessório é um dos meus favoritos, pois ele faz um bom café, rapidamente, e é fácil de limpar. Além de fazer uma boa bebida, é ótimo para levar em viagens, pois não quebra e pesa quase nada. A aeropress é o método perfeito para você preparar uma boa xícara de café, no escritório ou em casa. Costumo usá-la para fazer meu café como se fosse um filtrado e para um café mais forte, semelhante ao que se prepara na moka. A seguir, as instruções para ambos.

VOCÊ VAI PRECISAR DE

- Aeropress e seus filtros
- Jarra
- 100 a 200 ml de água entre 90 °C e 96 °C
- Moedor. Moagem para filtro ou ligeiramente mais fina; um pouco mais grossa do que para espresso ou moka
- Café de qualidade. Dosagem: entre 16 e 20 gramas. Torra clara ou média para café preparado com filtro. Torra média ou escura para café preparado na moka
- Balança eletrônica

Mette prepara diariamente o café da manhã na aeropress. Simples, rápido e delicioso

COMO FAZER

1. Coloque o filtro no porta-filtro da aeropress (a peça preta com furinhos) e enxágue-o com água fria, para remover o gosto do papel.
2. Encaixe o porta-filtro na parte inferior da aeropress.
3. Ferva a água.
4. Pese, moa e coloque o café na aeropress.
5. Despeje a água fervida na parte superior (êmbolo) da aeropress para diminuir um pouco

a temperatura. Transfira a água para o corpo da aeropress (onde está o café) até o topo, se quiser café no estilo filtrado, ou até a metade, se preferir o estilo moka.

6. Mexa o café e deixe-o em infusão entre vinte e quarenta segundos.
7. Coloque o êmbolo na aeropress e incline-se sobre ele para pressionar o pó através do filtro.
8. Mexa o café e sirva.
9. Remova o porta-filtro e pressione o pó no lixo. Enxágue a rolha de borracha e o porta-filtro, e sua aeropress está pronta para uma nova rodada.

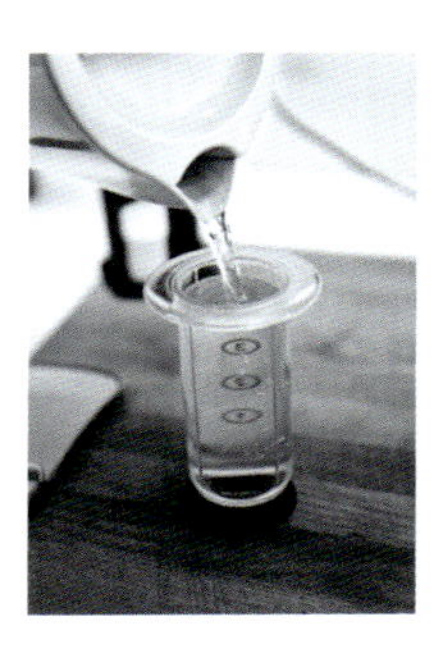

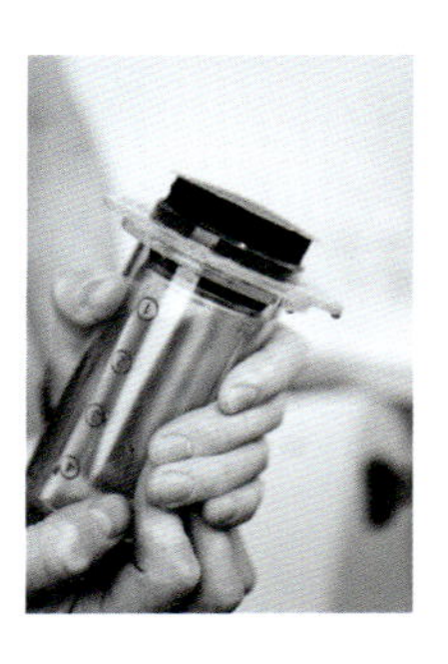

PERFIL DE SABOR

Se seu preparo estiver correto, a aeropress entregará um café intenso, encorpado, limpo e equilibrado. Nela você pode preparar qualquer café, mas grãos diferentes precisam de proporções e tempos de extração também diferentes. Pequenas variações geralmente têm um grande impacto no sabor da bebida e, por isso, esse é um brinquedo divertido para entusiastas do café.

DICAS

Se você preferir um tempo de extração mais longo, monte a aeropress e vire-a de cabeça para baixo. Dessa maneira, você pode extrair o café durante o tempo que desejar antes de encaixar o porta-filtro, virar a aeropress e pressionar o êmbolo.

Moka (cafeteira italiana)

Uma cafeteira italiana é provavelmente a alternativa melhor e mais barata para você beber café espresso em casa sem investir muito em uma máquina superautomática e em um moedor profissional. As cafeteiras italianas, muitas vezes chamadas de moka, não fazem café espresso, mas uma xícara de café forte.

VOCÊ VAI PRECISAR DE

- Uma cafeteira italiana
- Água
- Fonte de calor. Fogareiro, fogão, grelha ou cooktop
- Moedor. Moagem fina, mas um pouco mais grossa do que para máquinas de espresso
- Café de qualidade. Torra clara ou escura para espresso
- Suporte para apoiar a moka

COMO FAZER

1. Encha a parte inferior da moka com água até logo abaixo da válvula de segurança. Se você ferver a água com antecedência, o tempo de preparo será mais curto, o café no filtro não ficará sob calor durante muito tempo e sua bebida ficará mais gostosa.
2. Preencha o filtro com o café moído e nivele-o. Não pressione o pó: isso dificulta a passagem da água. Coloque o filtro na parte inferior da moka.
3. Encaixe as partes inferior e superior da moka. Lembre-se de usar um suporte caso você encha a parte inferior com água fervente.
4. Esquente a moka em fogo alto. Preste atenção ao momento em que o café começar a subir para a câmara superior da cafeteira.
5. Quando a câmara superior estiver cheia até a metade, retire a moka do fogo e deixe-a repousar por um minuto, para que o restante do café seja preparado.
6. Sirva imediatamente.

PERFIL DE SABOR

As cafeteiras italianas costumam produzir um café amargo porque utilizam vapor para a extração. Você deve escolher uma torra clara para espresso se quiser reduzir o amargor e obter uma xícara mais intensa e saborosa.

DICAS

Se você é fã desse método, pode ter várias mokas de diferentes tamanhos para que possa preparar a quantidade certa da bebida. Isso porque você sempre precisará fazer o volume total da moka – caso contrário, esse método não funcionará. Você também pode servir uma espuma quente de leite com o café. Era assim que se servia um café *au lait*. Lembre-se de não aquecer o leite acima dos 70 °C, ou ele ficará com sabor cozido. Utilize um termômetro.

Espresso

Eu poderia facilmente escrever um livro inteiro só sobre espresso – e talvez precise fazê-lo em breve, quem sabe. O café espresso é, definitivamente, o método de preparo mais difícil de dominar, pois é feito sob uma pressão de água de 9 bar, que pode rapidamente produzir um café superextraído. O menor erro e os resultados serão catastróficos na xícara. Por isso, recomendo que se beba espresso nas cafeterias, já que custa muito caro investir em equipamento adequado e é preciso muita paciência para aprender a operar esse método.

Eu afirmaria, com ousadia, que 99% de todos os espressos servidos no mundo não são realmente bons. Talvez essa seja a razão pela qual muitas pessoas não gostam de espresso, e tantos precisam colocar açúcar na xícara na intenção de reduzir seu amargor. Um bom espresso deve ser naturalmente doce, o que torna o uso do açúcar desnecessário.

Embora eu ache que as pessoas superestimam um pouco o café espresso, ele pode ser, eventualmente, delicioso. Depois de vinte anos como barista, eu ainda me lembro dos melhores espressos que provei. Muitos deles foram em casa, feitos numa máquina de espresso doméstica.

Se você está realmente interessado no assunto, fazer um espresso pode, além de ser bem divertido, trazer boas experiências com café. Recomendo a todos os baristas caseiros sérios que invistam em um curso de barista para aprender a fazer espressos melhores com os profissionais da área. Mas, antes de fazer um curso, é útil ter um pouco de conhecimento básico. Aqui estão as técnicas mais importantes para fazer um bom espresso.

1. Seque o filtro com um pano seco. É importante que tanto ele quanto o porta-filtro estejam aquecidos.
2. Encha o filtro com café recém-moído. O café moído para espresso tem prazo "zero" de validade. Use de 15 a 20 gramas de café em um filtro duplo. Não recomendo fazer espressos com um único filtro, porque isso geralmente resulta numa xícara pobre.
3. Distribua uniformemente o café no filtro.
4. Pressione o café no filtro com um tamper que se encaixe perfeitamente nele.

5. Dê um flush no grupo da máquina antes de inserir o porta-filtro. Comece o preparo imediatamente.
6. Coloque uma xícara preaquecida debaixo do porta-filtro.
7. O café deve sair do porta-filtro como se fosse chocolate derretido. Se ele sair rapidamente, você pode aumentar a quantidade de café ou usar uma moagem mais fina. Se o café estiver apenas escorrendo, você precisa de uma moagem mais grossa ou de um pouquinho menos de café.
8. Pare a extração assim que o café ficar bege-claro e aquoso. A bebida deve ter sido extraída entre vinte e trinta segundos a partir do momento em que você pressionou o botão. O volume deve ser de aproximadamente 25 a 30 ml para um único espresso, e de 50 a 60 ml para um espresso duplo.

9. Mexa o espresso para misturar a crema – que é a espuma que se forma sobre o café – com o restante do líquido. Beba o café imediatamente.
10. Quando você vaporiza leite, é importante fazer a espuma quando ele ainda estiver frio. Certifique-se de que as bolhas não sejam muito grandes e mantenha o leite em rotação na pitcher durante todo o processo. O leite estará pronto quando atingir 65 °C. Ele deve ter uma consistência cremosa, sem bolhas visíveis.

Se você quiser obter informações mais detalhadas sobre a extração de espresso e a vaporização de leite, confira meu site – www.timwendelboe.no – e assista aos vários vídeos sobre espresso.

Máquinas para espresso superautomáticas

As máquinas de café espresso totalmente automáticas estão se tornando cada vez mais populares. Talvez seja a simplicidade de pressionar um botão que as torne tão atraentes neste mundo apressado. Às vezes o café é um "combustível" para as pessoas. Pode ser bom então, no escritório ou quando você está saindo com pressa de casa, não precisar demorar

muito para prepará-lo.

O comum a todas essas máquinas é o fato de que elas raramente fazem um bom espresso. O que se pode esperar delas é uma xícara decente de café preto, se você ajustá-las corretamente e escolher grãos de qualidade. Mas não fique na expectativa de experiências fantásticas com o café quando se usa uma máquina totalmente automática.

É importante que o equipamento tenha um moedor embutido, de modo que haja grãos frescos para cada xícara. Certifique-se de não colocar muito café no moedor, porque muitas vezes ele está quente quando a máquina está ligada, o que, por sua vez, aquece os grãos e arruina o sabor da bebida.

Na maioria das superautomáticas, é possível brincar com as configurações para a moagem e para as quantidades de água e café. Teste diferentes opções até encontrar aquela de que mais gosta.

Nesses equipamentos, prefiro usar grãos para espresso de torra média, pois eles geralmente têm menos acidez e são mais doces do que os de torras claras.

De maneira geral, o café com menos acidez fica melhor em uma máquina superautomática. Recomendo utilizar cafés do Brasil, da Índia ou da Indonésia. Um bom Bourbon de El Salvador também pode ser uma opção. É possível usar diferentes torras claras para espresso ou outros blends, a fim de conseguir um sabor mais equilibrado.

Servindo café

Uma xícara de café é habitualmente a finalização que se espera de uma boa refeição. O café também faz, naturalmente, parte do cotidiano das pessoas, e é gentil oferecer uma xícara numa reunião de trabalho ou ao receber convidados inesperados em casa. Reunir-se ao lado de uma boa xícara de café traduz um momento informal e descomprometido. É por isso que ele está quase sempre presente num primeiro encontro. Muitas pessoas vão a cafeterias sozinhas para ler o jornal ou simplesmente observar o movimento. O café é importante para o nosso bem-estar mental.

Servir um bom café não precisa ser encarado como algo esnobe, ele só precisa ser saboroso. Aqui estão algumas boas dicas de como servi-lo.

Armazenando café

O café deve ser servido fresco. Você não deve mantê-lo por mais de uma hora em uma garrafa térmica. Se o café estiver pronto há muito tempo, desenvolverá ácidos tânicos, que tornarão a bebida amarga e "azeda". Certifique-se de limpar a sua garrafa térmica depois de cada utilização, de modo que o resíduo do café antigo não deixe sabor em seu próximo café. Você pode limpá-la com detergente próprio para café.

Serviço

Xícaras bonitas nem sempre entregam o café mais gostoso. Prefiro sempre tomá-lo em xícaras relativamente amplas e espaçosas. Não é preciso preencher o recipiente até a borda. Dê ao café um pouco de espaço: você poderá sentir os aromas com mais facilidade, e a bebida alcançará a temperatura ideal para ser tomada com mais rapidez. Um café muito quente tem, de fato, pouco sabor, mas o café de qualidade é mais gostoso quando está ligeiramente mais quente do que morno. É quando os aromas e sabores estão mais pronunciados.

Acessórios

Xícara à parte, o café – especialmente o espresso – sempre deve ser servido acompanhado de água. Você fica com sede ao beber café. Também é adequado servir café com uma colher de chá e um guardanapo, para que seus convidados tenham o que precisam caso queiram usar açúcar ou leite, ou caso derramem um pouco da bebida.

O que colocar no café?

Açúcar, adoçante, frutose, xarope, leite, creme, leite em pó... Existem inúmeros produtos que as pessoas colocam em seu café para torná-lo melhor – às vezes o deixam pior.

Costumo pensar em uma boa xícara de café preto como uma taça de vinho. Você não deve adicionar nada; deve, sim, aproveitar a doçura natural e o sabor da bebida. Se o café foi malfeito ou for de má qualidade, pode ser que dê vontade de acrescentar leite e açúcar para disfarçar seu sabor duvidoso.

Muitas vezes também comparo o espresso aos destilados. Ele pode ser bom tanto puro quanto como ingrediente de diferentes bebidas – com leite, por exemplo.

Obviamente é uma questão de gosto adicionar alguma coisa ao café, mas, se você estiver interessado em aprender mais sobre o assunto e explorar os sabores naturais dos grãos, sugiro não colocar nada na sua xícara.

O que servir com o café?

Você pode servir qualquer coisa para acompanhar o café, desde que seja algo gostoso. Os bolos e os doces são provavelmente os mais comuns, porque o café combina bem com algo doce. Na Etiópia, é normal servir pipoca com café. Isso pode não parecer muito gostoso, mas é bem saboroso com o café etíope, forte e tradicionalmente preparado. Você também pode oferecer pão de centeio caseiro com manteiga e uma cobertura adocicada: isso fica incrível com uma boa xícara de french press ou de steeped coffee.

No próximo capítulo estão algumas boas receitas que você pode servir com seu café.

Café e digestivo

Embora eu pessoalmente prefira beber café e álcool separadamente, muitas vezes faz parte da tradição servir café e um digestivo após o jantar. Que tipo de bebida alcoólica vai bem com ele? Isso vai depender inteiramente do café que está sendo servido. O rum envelhecido sempre combina com a bebida, pois é um destilado de açúcar e seu sabor açucarado harmoniza bem com o café. Uísques diferentes também podem funcionar, mas deve-se combinar o tipo de uísque com o tipo de café. Um café frutado e doce da América Central é, muitas vezes, a melhor opção. Conhaque é, definitivamente, o digestivo mais popular da Noruega. Mesmo assim, é o mais difícil de combinar com café. Experimente alguns grãos diferentes para ver quais as melhores harmonizações, mas o café indiano ou um suculento café colombiano, com baixa acidez, geralmente vão bem com conhaque.

Às vezes pode ser gostoso beber vinho tinto com café, mas alguns vinhos com alta acidez vão entrar em choque com certos grãos. Pela minha experiência, um café queniano preparado na french press ou na aeropress pode harmonizar com a maioria dos tintos. Experimente diferentes combinações e encontre as suas favoritas.

Chocolate

Receitas

Algo doce para acompanhar o seu café?

Muitas vezes tenho vontade de ter algo doce para saborear com meu café. Mesmo que eu seja bom em trabalhar os grãos, isso não significa necessariamente que eu seja um bom padeiro. Por isso recebi uma pequena ajuda de Sverre Sætre, um dos mais famosos confeiteiros da Noruega, que trouxe algumas receitas deliciosas de doces para acompanhar sua xícara.

Chocolate, um bom amigo do café

Uma coisa que aprendi com a experiência é que o café é uma ciência que tem muitos paralelismos com o chocolate, e o chocolate é o produto que mais me interessa profissionalmente. Uso muito do meu tempo explorando as propriedades particulares do chocolate, tentando descobrir como aproveitá-lo ao máximo.

Devido à grande variação das amêndoas de cacau, você pode encontrar um chocolate que seja perfeito para a maioria dos paladares. Alguns são ótimos com castanhas, outros, com frutas vermelhas e, é claro, outros tantos com grãos de café.

Anos atrás, Tim introduziu-me na complexidade dos grãos e em sua enorme variedade. Cafés são diferentes dependendo de onde tenham sido cultivados e de como tenham sido manipulados. Essa descoberta me deu muito prazer em meu trabalho com sobremesas e bolos, tanto em relação à forma como utilizo os grãos em meus doces quanto à escolha do café que bebo com as diferentes sobremesas. Um encantador café queniano, com toque de frutas vermelhas, é, por exemplo, fantástico com uma musse feita com chocolate de sabores frutados.

SVERRE SÆTRE
Equipe Culinária Nacional da Noruega | Campeão Mundial de Culinária 2006 | Campeão da Olimpíada Culinária Mundial 2008

Musse de chocolate

Uma musse de chocolate escura e intensa, aerada e elegante, com uma pitada de café. Essa sobremesa vai superbem com os deliciosos aromas de groselha negra de um café queniano.

RENDE **6** PORÇÕES

- 150 g de chocolate meio amargo (60% de cacau)
- 75 g de manteiga sem sal
- 400 ml de espresso ou café forte
- 1 ½ folha de gelatina
- 50 g de gema (2 ovos grandes)
- 75 g de clara (3 ovos grandes)
- 50 g de açúcar

1. Pique o chocolate bem fininho e derreta-o num banho-maria com a manteiga.
2. Umedeça a gelatina em água fria por, no mínimo, 5 minutos.
3. Tire um espresso ou faça um café forte.
4. Escorra a água da gelatina, junte o café quente e mexa até que eles se misturem completamente.
5. Com o auxílio de um batedor de arame, junte as gemas à mistura de chocolate. Em seguida, adicione a mistura de café. Mexa bem até conseguir uma massa homogênea e brilhante.
6. Bata as claras com metade do açúcar até elas atingirem o ponto de um merengue meio firme. Acrescente o restante do açúcar e bata o merengue até que ele fique firme.
7. Com uma espátula, misture levemente 1/3 do merengue ao chocolate. Em seguida, junte o restante do merengue.
8. Distribua a musse nas taças e leve-as à geladeira até que ela endureça (cerca de 3 horas).
9. Aproximadamente 20 minutos antes de servir, retire a musse da geladeira. Isso faz com que ela fique mais macia e com sabores mais evidentes.

(Receita de Sverre Sætre)

Financier

Estes pequenos bolos franceses, com sua forma característica, podem ser feitos com vários tipos de castanha. Sverre gosta mais dos financiers com amêndoas, o que faz com que eles combinem muito bem com cafés amendoados do Brasil ou com grãos frutados da América Central.

Rende cerca de 12 bolos
- 120 g de manteiga sem sal
- 80 g de amêndoas descascadas
- 120 g de açúcar de confeiteiro
- 90 g de gema (3 gemas)
- 60 g de farinha de trigo
- 4 damascos frescos
- Açúcar de confeiteiro para polvilhar os bolos

1. Preaqueça o forno a 180 °C. Derreta a manteiga em fogo baixo e deixe-a esfriar em temperatura ambiente.
2. Num processador, moa as amêndoas ou fatie-as finamente, junto com o açúcar de confeiteiro. Misture bem as amêndoas e o açúcar num mixer.
3. Junte as gemas à farinha de amêndoas.
4. Acrescente a manteiga derretida à mistura acima e, ao final, junte a farinha de trigo e bata vigorosamente.
5. Distribua a massa em formas pequenas e retangulares, próprias para financier. Remova os caroços dos damascos e corte-os em fatias. Pressione as fatias na massa e polvilhe o açúcar de confeiteiro.
6. Você também pode assar os financiers numa forma para pão. Preencha-a com 1 cm de massa sobre os damascos e polvilhe o açúcar.

7. Asse os bolos no centro do forno por cerca de 20 minutos, até que fiquem dourados. Retire-os do forno e deixe-os esfriar. Se estiver usando a forma de pão, certifique-se de que o financier tenha esfriado antes de cortá-lo em pedaços de 5 cm x 2 cm.

(Receita de Sverre Sætre)

Biscotti

Biscotti são um clássico italiano, e caem bem com cappuccino ou outros drinques com espresso. Eles também combinam com qualquer xícara de café. Se você morre de amores por amêndoas e avelãs, vai adorar biscotti.

- 120 g de amêndoas descascadas
- 100 g de avelãs
- 150 g de manteiga com sal
- 230 g de açúcar
- 380 g de farinha de trigo
- 1½ colher (sopa) de fermento em pó
- Raspas de 1 laranja, bem lavada
- 150 g de ovo (3 ovos)
- 1 clara de ovo para besuntar os biscotti

1. Preaqueça o forno a 180 °C. Coloque as amêndoas e as avelãs numa assadeira forrada com papel-manteiga e leve-as ao forno até dourarem (cerca de 15 minutos). Retire-as do forno e deixe-as esfriar.
2. Num processador, misture a manteiga, o açúcar, a farinha, o fermento e as raspas de laranja. Junte os ovos e misture bem. Adicione as castanhas.
3. Se a massa ficar mole, leve-a à geladeira por alguns minutos para firmar.
4. Faça rolos de 3 cm de diâmetro com a massa. Refrigere-os por cerca de 1 hora.
5. Coloque os rolinhos numa assadeira forrada com papel-manteiga, mantendo uma distância de 10 cm entre eles, para que possam crescer. Pincele os rolinhos com a clara de ovo. Asse-os por 40 minutos, até dourarem.
6. Tire os rolos do forno e, com a ajuda de uma faca de pão afiada, fatie-os em pedaços de 0,5 cm. Parta os biscotti enquanto ainda estão quentes, antes que endureçam.
7. Retorne as fatias à assadeira e asse-as por mais 10 minutos. Deixe-as esfriar.

(Receita de Sverre Sætre)

Drinques com café

Café gelado

Essa bebida é uma ótima pedida para o verão. Muitas vezes o café frio fica amargo, então adiciono frutose para reduzir o amargor. Isso torna o café um pouco mais doce e lhe dá uma estrutura elegante. Você obtém melhores resultados se usar um café com aromas frutados ou florais; um Yirgacheffe ou um café queniano, por exemplo. Cafés frutados da América Central também funcionam bem.

- 200 g de água
- 20 g de café de torra clara, moído para filtro ou ligeiramente mais fino
- 5 g a 6 g de frutose

Prepare o café na aeropress, conforme descrito na página 106. Dissolva a frutose no café quente. Coloque o café na geladeira ou no congelador para esfriar. Quando o café estiver frio, sirva-o em taça de vinho.

Café gelado com rum

Essa bebida é fantástica para festas. Também é ótima para um dia quente de verão. Certifique-se de não exagerar no rum. A mistura deve ter sabor de café com um toque de rum, e não o contrário.

- 20 a 30 ml de rum escuro da América Central
- 1 a 2 colheres (chá) de açúcar (branco ou mascavo)
- Um espresso duplo ou 50 ml de café feito na moka ou na aeropress
- Cubos de gelo
- Coqueteleira

Encha o copo da coqueteleira com o gelo. Junte o açúcar, o rum e o café. Tampe a coqueteleira e agite bem por 10 a 15 segundos. Despeje em um copo e sirva com canudos.

Irish coffee

Essa é uma bebida de café clássica, que, muitas vezes, tem um gosto terrível nas baladas, o que é estranho, já que é fácil de preparar – contanto que você tenha bons ingredientes. Para o irish coffee você precisa de um café encorpado e intenso, a fim de equilibrar o sabor do uísque. Recomendo um café natural do Brasil ou um lavado da Índia ou de El Salvador. Você pode experimentar cafés do Quênia e de outros países também, mas precisará tentar vários uísques diferentes para equilibrar bem o sabor. Os sabores devem se harmonizar, então, será preciso experimentar e degustar.

- 30 a 40 ml de uísque irlandês
- 150 ml de café feito na french press, aeropress ou steeped coffee
- 1 a 2 colheres (chá) de açúcar mascavo ou demerara
- Creme de leite fresco, batido a mão até ficar cremoso
- Isqueiro
- Copos para irish coffee ou vinho, de 200 ml

Preaqueça os copos. Junte o açúcar e o uísque e mexa. Flambe o uísque por alguns segundos para se livrar da parte ruim do aroma de álcool. Encha o copo com o café até cerca de 1 cm da borda e mexa. (Quando você derramar o café, ele apagará a chama). Despeje o creme batido no copo até que esteja cheio. Sirva sem canudo. O irish coffee deve ser bebido diretamente, através da camada de creme.

Gosto

Parafraseando o francês Jean Anthelme Brillat-Savarin, que escreveu um dos livros mais influentes da gastronomia, *A Fisiologia do Gosto*, o gosto não é algo que temos. Também não é um assunto de caráter privado, mas algo que as pessoas desenvolvem através de esforço sensorial e intelectual. O gosto é, enfim, o refinamento.

Em outras palavras, ele não é subjetivo. Embora a maioria das pessoas nasça com os sentidos do olfato e do paladar, nem todas são boas em degustar. Algumas pessoas têm menos papilas gustativas que outras, e alguns "superprovadores" as têm mais do que a média. Isso não significa, porém, que eles sejam bons em degustar. É preciso praticar para ser um bom provador. Felizmente não é tão difícil fazer um treinamento para se tornar um bom degustador, especialmente quando você pode provar e discutir suas experiências com outras pessoas.

Não é fácil escrever sobre o gosto nos dias de hoje, pois muitas pesquisas recentes têm refutado o conhecimento convencional. Penso, especificamente, no mapa tradicional da língua, em que aprendemos que o amargor é experimentado na parte de trás dela, o açúcar na ponta etc. O fato é que você pode perceber o doce, o salgado, o amargo, o ácido e o umami tanto em sua garganta quanto em toda a sua língua. Mas o gosto não é apenas algo que experimentamos na língua. É também algo que cheiramos, ou mesmo algo que vemos, ouvimos e sentimos.

Mas, como podemos descrever o gosto? Por que usamos palavras como couro, tabaco, madeira e frutas para descrever uma bebida que algumas pessoas vão simplesmente dizer que tem gosto de café?

Se você prova cafés com frequência, começará a notar que vários deles são muito diferentes, especialmente quando se experimentam diversos cafés numa mesma prova. Assim, um vocabulário de sabores foi desenvolvido para o universo do café, de modo a facilitar a comunicação com outros degustadores sobre o que provamos. Entretanto, provadores de café não têm a própria linguagem sensorial. Experimentamos e descrevemos os sabores do café do mesmo modo que provadores de vinho ou de azeite. Mesmo assim, certos aromas são mais comuns no café do que no vinho e vice-versa. Podemos descrever cafés ou seus aromas como sendo de rosas ou de amoras porque o café contém, de fato, moléculas aromáticas semelhantes àquelas encontradas em rosas e em amoras. Muitas vezes são feitas associações para aromas mais pessoais, como uma batata, que pode cheirar para mim como o porão da casa da minha avó quando eu era pequeno. Provavelmente não é algo tão estranho, considerando-se que ela tinha um porão cheio de batatas. De qualquer maneira, tente manter um vocabulário simples, e faça descrições que outras pessoas possam entender com facilidade. Isso impedirá que você seja visto como um esnobe do café.

Aqui estão algumas dicas breves sobre como descrever o perfil de sabor de um café.

Aroma

Por aroma queremos dizer o cheiro de café moído e preparado. Em outras palavras, o que percebemos com o olfato antes de provarmos o café. Use descritivos como chocolate, castanhas, frutas silvestres, flores, rosas, cítricos, morango, mofo etc.

Acidez

Acidez no café pode ter intensidade alta ou baixa. Além disso, ela pode ser descrita como cítrica, que lembra frutas silvestres, vinho, uvas, maçã, e ainda imatura, madura, avinagrada, sedosa, azeda ou adstringente.

Doçura

O café está maduro ou verde? Que tipo de doçura é essa? É parecida com açúcar, mel, caramelo, ou é uma doçura frutada?

Corpo

Como o café se comporta na boca? Ele é leve ou encorpado? Untuoso ou ralo? Simplificando, corpo descreve a textura do café e ela pode ser percebida também como café seco, granuloso, cremoso, oleoso ou aguado.

Xícara limpa

O café pode ser limpo e transparente, mas também pode ser percebido como turvo, "sujo", se há algo errado com ele. Se assim for, ele costuma ter sabor estragado, de mofo, terra ou fermento.

Sabor

O sabor descreve o aroma e o gosto ao mesmo tempo. Quando começamos a degustar cafés, é fácil deixar-se levar e descrever o que experimentamos. Mas uma boa análise deve ser sucinta e precisa. Você pode começar com uma descrição mais geral, por exemplo, este café é floral ou frutado? Tem sabor de chocolate ou tem mais notas de terra?

Quando a descrição geral está feita, pode-se tentar detalhá-la um pouco mais. Se o café é frutado, a que fruta remete? Será que tem sabor de morango, manga, pêssego, cítricos, rosa-mosqueta ou de outras frutas? Muitas vezes você vai encontrar vários aromas ao mesmo tempo.

Se o café é achocolatado, você pode elaborar sua descrição dizendo que ele lembra chocolate ao leite, chocolate amargo ou cacau em pó – depende do que você experimenta.

Quanto mais você provar cafés e tentar descrever o que percebe, mais fácil será reconhecer e descrever os diferentes sabores. Você pode treinar para ser um bom provador para além do café. Tente descrever o sabor do queijo, do vinho, da cerveja, dos charutos e de chocolates diferentes, além de alguns destilados. Mas, tenha cuidado: antes que você se dê conta, pode virar um gourmet esnobe.

Boa sorte!

Para encerrar

Finalmente, é hora de explorar o que o café *pode* ser.

Espero que você ainda não tenha perdido o ânimo. Mesmo que este livro seja relativamente abrangente, o conhecimento detalhado não faz de você necessariamente um barista ou provador de cafés mais habilitado.

O mais importante é compreender que o café é uma bebida de uma complexidade incomum, cuja qualidade é determinada por inúmeras variáveis.

Não é muito difícil fazer um bom café, e tenho certeza de que você vai melhorar cada vez mais depois de ler este livro. Aproveite os recursos que tem ao seu redor, seja um barista, uma cafeteria, uma torrefadora ou ainda um grupo de amigos. Há muitas pessoas experientes que gostam de discutir café nas redes sociais, mas pode ser fácil atolar-se em teorias intermináveis sobre o que é certo ou errado nesse assunto.

Lembre-se de que o sabor é o que conta. Você sempre encontrará a resposta na xícara, portanto, não se esqueça que estamos constantemente buscando mais conhecimento sobre o grão.

Quando o assunto é este, tudo se resume a fazer com que um café de qualidade tenha um sabor maravilhoso.

Meus agradecimentos a

– John F. Smedstad Moore, da Transmunicate, por traduzir este livro para o inglês.
– Todos os funcionários da Tim Wendelboe pela inspiração e, especialmente, à Chris Kolbu e Thomas Holme, pelas sugestões após a leitura do manuscrito. Obrigado, também, a Ingrid F. Karlsen, pelo delicioso coffee break no parque.
– Stian Andersen e seu assistente, Ole Kristiansen, pelas ótimas fotografias.
– Sverre Sætre, pelas maravilhosas receitas e contribuições para este manuscrito.
– Alex Scheen Jensen, Morten Wennersgaard e Andreas Hertzberg, da Solberg & Hansen, pela leitura da prova e pelo bom feedback.
– Anders Valde, Tim Varney, Mette Mortensen e Anne Lunell, por compartilharem bons cafés e pelo apartamento para as sessões de fotos.
– Hadeland Glassverk, por me fazer, finalmente, escrever um livro.
– Eirik Øiestad e Släger, por me ajudarem a pôr esta ideia no papel.
– Todos da editora Schibsted Forlag, por publicarem o livro.
– Villa Paradiso, por me deixar sentar e escrever por várias horas depois do café da manhã.
– Todos os que dividiram seu conhecimento e ideias comigo e me inspiraram ao longo da minha carreira no café.
– Produtores de café, que trabalham duro para que possamos apreciar uma xícara de café melhor.
– Arvid Skovli, em memória, que me deu a chance de trabalhar com café.